ZUSAMMENFASSENDE WIEDERGABEN DER SEMINARE IV-VI VON JACQUES LACAN

J.-B. PONTALIS

Zusammenfassende Wiedergaben der Seminare IV-VI von Jacques Lacan

Aus dem Französischen von Johanna Drobnig, unter Mitarbeit von Hans Naumann und Max Kleiner

Mit einem Vorwort von Hans-Dieter Gondek

Herausgegeben von
Hans-Dieter Gondek und
Peter Widmer

TURIA + KANT
WIEN

Bibliografische Information der Deutschen Bibliothek
Die Deutsche Bibliothek verzeichnet diese Publikation in der Deutschen Nationalbibliografie; detaillierte bibliografische Daten sind im Internet über http://dnb.ddb.de abrufbar.

Bibliographic Information published by Die Deutsche Bibliothek
Die Deutsche Bibliothek lists this publication in the Deutsche Nationalbibliografie; detailed bibliographic data is available in the internet at http://dnb.ddb.de.

ISBN 978-3-85132-942-1

Originaltitel: siehe S. 197 in diesem Band

Reprint 2019

Cover: Bettina Kubanek

VERLAG TURIA + KANT
A-1010 Wien, Schottengasse 3A / 5 / DG 1
info@turia.at | www.turia.at

Inhalt

ZU JACQUES LACAN, SEMINAR VI: DAS BEGEHREN UND SEINE DEUTUNG

Vorwort

Anerkennungskämpfe »zeichnen« sich dadurch »aus«, dass in ihnen der umstrittene Gegenstand stets als ganzer auf dem Spiel steht. Unabhängig davon, ob er überhaupt in Gänze verfügbar ist. Im Falle Lacans scheint dies genau die Situation zu sein, in der sich hierzulande die Diskussion seines Werks insbesondere an deren akademischem Pol befindet. Jedenfalls weisen im Deutschen die wenigen, nicht durch Übersetzung übernommenen Arbeiten zu Lacan eine enorme Heterogenität auf: Den – wenigen – Einführungen, die alle das Problem haben, quasi bei Null anfangen zu müssen, stehen die Spezialistendiskurse gegenüber, die explizit oder implizit an ein verbreitetes Vorwissen appellieren und sich mitunter auch gar nicht mehr um ihre potentiellen Rezipienten scheren. Dazwischen immer wieder die Blitzschläge – oder lauen Afterwinde – polemischer Attacken, die selten von einem soliden Wissen getragen werden. Wer im Deutschen mit Lacan arbeitet, tut dies jedenfalls, so sicher er seiner selbst dabei auch sein mag, nach wie vor auf öffentlich unsicherem Boden, und nirgendwo schlägt sich dies deutlicher nieder als in der akademischen Anerkennung der Lacanschen Psychoanalyse, um die es wahrlich nicht zum besten steht. Das sollte auch denen nicht gleichgültig sein, die außerhalb der verschiedenen Lehranstalten arbeiten, pflegt sich doch der von staatlichen oder quasi-staatlichen Institutionen vorgenommene Eingriff in die Praxisbedingungen der psychoanalytischen Arbeit stets durch Expertenurteile abzusichern.

»Erschwerend« kommt hinzu, dass Jacques Lacan als Person alles andere als ein Langweiler war. Bei Aristoteles,

Hegel oder noch bei Nietzsche ist der Beitrag der biographischen Forschung zur Erschließung des Werks eher bescheiden; im Falle Lacans droht sie diese fast abzuschneiden. Jedenfalls gehen die bisherigen Reaktionen auf die deutsche Ausgabe von Elisabeth Roudinescos *Jacques Lacan*[1] weitgehend in diese Richtung. Vor allem im Feuilleton – doch war etwas anderes zu erwarten? – ist kaum gewürdigt worden, dass das Buch auch umfassende Rekonstruktionen von Werketappen gibt. Stattdessen gilt das Interesse den Ausfällen und Ungeschicklichkeiten gegen Kollegen, den Absenzen des späten Lacan, seinen Liebschaften, den Beispielen für seinen Narzissmus – und natürlich seiner ersten Ehe und den Kindern, den Kindern! Wenn dieses Buch zumindest in der ersten Zeit seines Wirkens, wie es scheint, der ernsthaften Beschäftigung mit Lacan eher schadet als nützt, so sehe ich darin eigentlich eine Bestätigung der oben gegebenen Diagnose über den Stand dieser ernsthaften Beschäftigung: Sie ist in der Gemengelage akademischer und feuilletonischer Meinung noch nicht so gefestigt, dass sie davon unbeeindruckt bleiben könnte.

Szenenwechsel: Natürlich hat auch in Frankreich das Erscheinen der Lacan-Biographie von E. Roudinesco 1993 unter anderem die alten Bilder vom Dandy, Verführer und Scharlatan wiederaufleben lassen. Doch der Aufruhr beschränkte sich auf die mediale Öffentlichkeit. Die ernsthafte Beschäftigung mit Lacan war kaum tangiert, da das, was Elisabeth Roudinesco in ihre das Werk betreffenden Darstellungen einfließen ließ, auf dieser aufbaute. Dass die Autorin selbst pointiert die Arbeit der Gruppe um die Zeitschrift »Littoral« würdigte[2], geschah mit vollen Recht: Wenn jemand wahrlich konsequent an der historischen Erschließung der zentralen Theoreme Lacans arbeitet, dann sind das Autoren wie Jean Allouch, Guy de Gaufey, Philippe Julien, Erik Porge u. a.[3] Diese Art der Arbeit setzt einiges voraus: Sie ist nur möglich aus dem Fundus des Lacanschen

Werkes heraus, und dazu gehört vor allem die durchgängige Vertrautheit mit dem Seminar in seinem kontinuierlichen Fortgang von 1953 bis 1980. Diese Voraussetzung ist bei den genannten Autoren unbedingt gegeben, ja, sie ist deren Markenzeichen. Eine weitere Voraussetzung ist der begriffliche und konstruktive Rahmen, der die Beschreibung und Erklärung der Implementation neuer oder veränderter Begriffe und Theoreme ermöglicht, und die Psychoanalyse, ohne sie zu reduzieren, in den Kontext epistemologischer Erforschung einbindet. In diesem Punkt herrscht bislang noch eine Binnenperspektive vor; die Wandlungen des Lacanschen Denkens werden nach inneren Faktoren seiner Kohärenz bestimmt, und das gilt auch für die diversen Entleihungen und Bezugnahmen, die aus der Psychoanalyse herausführen.[4] Eine Verbindung etwa zwischen einer philosophischen Perspektive auf Lacan und dieser historisch-rekonstruktiven Herangehensweise ist bislang nicht gelungen.[5] Auch die Untersuchungen zum Verhältnis von Psychoanalyse und Linguistik, in deren Feld die Lacansche Konzeption des Signifikanten, die Theorie von Metapher und Metonymie, das Verständnis des Satzes als Einheit sprachlicher Bedeutung und dessen Ort in der Konstruktion des *Graphen* etc. etc. fallen müssten, hat noch nicht den entsprechenden Stand erreicht.[6]

Die drei Seminare, von denen Pontalis hier Zusammenfassungen gibt, gehören mit zu denen, die, zumindest im Deutschen, noch am wenigsten bekannt sind. Einzig das Seminar IV über die *Objektbeziehung* liegt seit 1994 in einer durch Jacques-Alain und Judith Miller edierten »offiziellen« Ausgabe des Verlages Le Seuil[7] und inzwischen auch in ersten Privatübersetzungen vor. Auf eine deutsche Version innerhalb der Ausgabe der Seminare durch den Quadriga Verlag wird man angesichts der bekannten Kooperationsschwierigkeiten, die nach dem Ausscheiden von Norbert Haas und

Hans-Joachim Metzger bestenfalls in ihrer Komplexität reduziert sind, aber nicht schlechthin aus der Welt zu schaffen sein werden, wohl noch einige Zeit warten dürfen, falls sie überhaupt je erscheint.

Vom Seminar VI sind dereinst die sieben Sitzungen über *Hamlet* in Ornicar? erschienen.[8] Die 1986/87 in Wo Es War (in der sattsam bekannten Un-Qualität) publizierte deutsche Übersetzung ist längst vergriffen.[9] Leider ist die von Pontalis gefertigte Zusammenfassung des Seminar VI über *Das Begehren und seine Deutung* nicht vollständig. Die im Unterschied zum überwiegenden Teil der Sitzungen der Seminare IV und V generell nicht durch Lacans Zustimmung autorisierte Wiedergabe des Seminar VI bricht unmittelbar vor den *Hamlet*-Sitzungen ab.

Unsere Publikation schließt indes nicht nur im formalen Sinne die Lücke zwischen den inzwischen im Deutschen veröffentlichten Seminaren I-III[10] und VII, sondern präsentiert ein exzeptionelles Material. Nicht nur enthalten die betreffenden Seminare Lacans Auseinandersetzung mit den drei Büchern Freuds, von denen Lacan mit Recht behaupten kann, dass sie seiner Theorie des Signifikanten implizit und material am stärksten entgegenkommen, als sie es vornehmlich mit sprachlichen Phänomenen zu tun haben – die Rede ist natürlich von der *Traumdeutung*, aber auch vom Buch über den *Witz* und dem über die *Psychopathologie des Alltagslebens*. Man kann mit Fug und Recht behaupten, dass mehr noch als *Die Traumdeutung* Freuds Buch über den *Witz* am laufenden Band Argumente für Lacans Rekonstruktion der Freudschen Theorie in Signifikanten-Begriffen liefert. Im ersten Teil der Zusammenfassung von Seminar V bekommt man dies, ausgehend von Hirsch-Hyacinths unfreiwilligem »famillionär«, ausführlich dargelegt. Vergleicht man die Lacansche Begriffsverwendung mit der des Seminar III über die Psychosen, so ist der Fortschritt in der Theorie des Signifikanten unverkennbar: Während Lacan

1955/56 noch von einer Duplizität von Signifikant und Signifikat als materieller und ideeller Ordnung ausgeht[11], bricht sich im Seminar V die Konzeption einer Autonomie des Signifikanten Bahn. Was zuvor noch ähnlich nebulös wie das von Saussure selbst gebrauchte Bild als »wechselseitiges Gleiten von Signifikant und Signifikat« bestimmt wurde, bekommt nun Struktur im Aufbau einer Topologie des Signifikanten, die von »zwei Zuständen des Signifikanten« ausgeht und den unbewussten Einschlag in den Diskurs, der etwa den »famillionär« oder das »Vorschwein« zum Vorschein kommen lässt, als Effekt einer signifikanten Kette rekonstruiert, die eine Bahn supponierter Intentionalität schneidet.

Dies geschieht in der Ausarbeitung des berühmt-berüchtigten *Graphen des Begehrens*, von dessen *Écrits*-Version[12] mit Fug und Recht gesagt werden kann, dass sie ohne weitere Hilfsmittel bestenfalls bis zur dritten Stufe verstanden werden kann.[13] Die von Pontalis sorgfältig dargelegten Etappen im Aufbau der Topologie des Graphen, der neben dem Nachvollzug der Entstehung eines unbewussten Sinneffekts auch den internen Zusammenhang der Lacanschen Grundbegriffe verdeutlicht, dürften vor allem für jeden äußerst hilfreich sein, der die allseits bekannten Formeln einer lacanianischen *doxa* (»Das Unbewusste ist strukturiert wie eine Sprache« etc.) einzig als formale Anzeige eines enormen Problems, aber nicht als Beitrag zu dessen Lösung wahrnehmen kann. Wie sehr das Problem von Sprache und Psychoanalyse Lacan in den fünfziger Jahren auf den Nägeln brannte, lässt sich gerade am Seminar VII über *Die Ethik der Psychoanalyse* ersehen. Dort wird das Verhältnis zu *La Chose*, *Das Ding*, analog dem Problem der sprachlichen Referenz angegangen, die ja auch seit Saussure nicht mehr in den Bereich einer Sprachwissenschaft gehört. Man könnte gar von einer Kurzschließung von Saussure mit Kant sprechen: Der Referent ist das Ding an sich des Signifikanten. Übersetzt ins Ethische kommt nichts weniger heraus als die *Zehn Gebote*, die, einen ununterschreitbaren Mindestabstand einhaltend, um *Das Ding* gravitieren und zugleich die Funktion der Verdrängung – des Inzestverbots –, aber auch die Subsistenz des Sprechens sicherstellen.[14] So werden noch die *Zehn Gebote* in die Topologie des Graphen eingeschrieben, dessen Bedeutung also kaum zu überschätzen sein dürfte.

Die hier repräsentierten Seminare haben zudem einen starken Bezug zu Freuds Fallgeschichten, insbesondere zum *Kleinen Hans* (der die zweite Hälfte des Seminar IV ausmacht), zu Fragen der Klinik und der Technik[15] – die zu vernachlässigen man Lacan, natürlich in Unkenntnis dieser Seminare, vorwirft. Das gilt ganz besonders für das Seminar IV, das mit der Frage der Objektbeziehung ein nachfreudianisches Konzept zum Gegenstand der Auseinandersetzung macht und die Verkümmerung herkömmlicher psychoanalytischer Praxis und Theorie insbesondere an den unbeachteten Implikationen sichtbar macht, die an der Frage des Objekts bei Freud aufzudecken sind. Das ist nicht nur das Problem des Mangels des Objekts – das Objekt des Begehrens ist ein mangelndes Objekt, was immer auch eine Einladung zu einer scheinbar auffüllenden Substitution ist –, eines Mangels, der von Lacan nach drei Hinsichten (entsprechend den drei Registern des Symbolischen, des Imaginären und des Realen) durch die Modi *Privation* oder Beraubung, deren (fehlendes) Objekt symbolisch ist, *Frustration* oder Versagung eines realen Objekts und *Kastration*, die sich auf ein imaginäres Objekt bezieht, differenziert wird. Ausgehend von Melanie Klein, die sich bereits um eine Genealogie des Guten und des Bösen im Ausgang von den primären Objekten und Projektionen bemüht hat, aber alsbald über sie hinausgehend zeigt Lacan die Grundschritte für eine psychoanalytisch-rekonstruktive Erklärung der Genese des Moralischen, des Rechtlichen und des Ökonomischen. Denn die Kategorien Gabe, Tausch, Anspruch – auch im Sinne von Rechtsanspruch – und Rückforderung (Vergeltung) werden nicht reduktiv, sondern gerade unter Beachtung ihrer moralischen, rechtlichen und ökonomischen Bedeutung entfaltet. Natürlich hat dies viel mit der Ausarbeitung einer strukturalen Psychoanalyse in Analogie zur strukturalen Linguistik, vor allem aber zur *Strukturalen Anthropologie* von Claude Lévi-Strauss zu tun, dem nicht nur eine dynamische Tauschtheorie zu verdanken ist, die unter die zirkulierenden Objekte auch die Frauen zählt, sondern der an diese diachronische Dynamik das synchronische Gefüge eines in Oppositionsbeziehungen aufgebauten Symbolischen anschloss, das sich in der Wiederkehrbewegung von Mythen und Ritualen beständig reproduzierte. So sehr auch die generalisierende, in Richtung mathematischer Modellbildung und statistischer Beschreibung gehende Tendenz von Lévi-Strauss und bei Lacan das Festhalten am Singulären des jeweiligen Subjekts, das sich und seine Lebensgeschichte dem artifiziellen Vorgang einer Psychoanalyse überantwortet und diese so dazu nötigt, darauf mit einer je eigenen theoretischen Anstrengung zu antworten, auseinandergehen, so sind doch die Anschlüsse Lacans an Lévi-Strauss unübersehbar.

Doch zurück zum Feld des Klinischen: Es fällt natürlich auf, dass Lacan kaum eigene klinische Arbeiten präsentiert, sondern sich fast ganz auf die sekundäre Kommentierung von anderen durchgeführter Analysen beschränkt. Neben dem *Kleinen Hans* erhält auch Dora ihren Auftritt (ein häufiger Gast in einer Vielzahl von Seminaren), sowie die junge Homosexuelle mit ihrem lügnerischen Unbewussten[16], daneben manche Analysen aus einem kleinianischen oder traditionell freudianischen Umfeld. In der Kommentierung wird immer wieder auf das Symbolische als das Register abgehoben, das ein Zusammenfallen von Realem und Imaginärem verhindert (die Krankheit, an der nach Lacans Meinung viele zeitgenössische Analysen leiden); zugleich wird das Symbolische als der übergreifende Rahmen imaginärer Verhältnisse präsentiert. Ein besonderes Augenmerk sollte der im Seminar VI vorgelegten Auseinandersetzung mit Ella Freeman Sharpe entgegengebracht werden, denn darin geht es um die *in der Analyse* praktizierte *Traumdeutung*, das heißt um Traumdeutung, die zugleich die sich im Traum ausdrückende *Übertragung* zu berücksichtigen hat. Man stellt fest, dass auch hier wie in der Auseinandersetzung mit Melanie Klein und ihren Schülern die in der Sache sehr deutliche Kritik doch von einer gewissen Grundsympathie getragen ist. Das gilt natürlich auch für die Ausarbeitungen zur Theorie der Phantasie bzw. des Phantasmas, bei der der Rückgang auf Freuds klassischen Text *Ein Kind wird geschlagen* ebenfalls nicht frei ist vom kleinianischen Einschlag der Wirkungsgeschichte. (Hier ist eine Anmerkung zur Übersetzung angebracht: Überall da, wo man sich begrifflich zwischen Freud und Lacan bewegt hat, wurden bestimmte Begriffe und ihre Übersetzungen flexibel und sozusagen ineinander übersetzbar verwandt. So wird *phantasme* im Freudschen und freudianischen Kontext durch »Phantasie« übersetzt, und das wird auch in den Passagen so beibehalten, in denen Lacan sich direkt auf Freud bezieht; hingegen wird dort die Übersetzung durch »Phantasma« vorgezogen, wo Lacan rund um die Formel $\$ \diamond a$ seine eigene Konzeption ausarbeitet. Ähnlich verhält es sich mit der Übersetzung von *désir*: Wird näher an Freud und insbesondere an das Buch *Die Traumdeutung* herangerückt, so steht der »Wunsch« als Äquivalent da; die Nähe zu Lacan gibt hingegen die Übersetzung »Begehren« wieder.) Wohl der stärkste und wichtigste Teil aller drei hier wiedergegebenen Seminare sind Lacans Überlegungen zu dem von Freud in *Formulierungen über die zwei Prinzipien des psychischen Geschehens* berichteten Traum eines Sohnes, der von seinem nach langer Krankheit, während derer er ihn gepflegt hatte, gestorbenen Vater geträumt hatte: »der Vater sei wieder am Leben und er spreche mit ihm wie sonst. Dabei habe er es aber äußerst schmerzlich empfunden, dass der Vater doch schon gestorben war und es nur nicht wusste«.[17] Lacan gibt sich mit Freuds Deutung, der Traum sei zum einen durch den aktuellen Wunsch, der Vater möge durch den Tod von seinen Leiden erlöst werden, zum anderen durch den infantilen Wunsch des Ödipusdramas nach einer Beseitigung des Vaters als Rivalen motiviert, nicht zufrieden, sondern nimmt den Traum zum Anlass einer Ausarbeitung dessen, was man, auch wenn dieser Begriffstitel nicht genannt wird, mit Fug und Recht »symbolische Kastration« nennen kann. Als der eigentliche subjektive Text erweist sich das Nichtwissen eben des Subjekts selbst, das zugleich ein Nichtwissenwollen ist und den Tod zum Gegenstand hat. Der Tod des Vaters ist gleichbedeutend mit dem Verlust dessen, der schon aufgrund des Vorrangs in der »Abstammung« das Subjekt davor schützt, als nächster dem Tod konfrontiert zu sein. Der Text des Traums wird dazu in die Topologie des Signifikanten, sprich: den *Graphen* eingeschrieben; aber ihm gehen noch weitere Reflexionen zu Verdrängung, Verwerfung und Verneinung voraus, die auch für sich ihren Wert haben und ein genaues Studium verlangen.

Die Reihe RISS-extra soll, so schreibt Peter Widmer in seinem Vorwort zu RISS-extra I, »Autoren zu Worte kommen« lassen, »die sich in besonderer Weise um den psychoanalytischen Diskurs verdient gemacht haben«. Das trifft auf J.-B. Pontalis zu, der sich ähnlich wie der Zeitgenosse Jean Laplanche 1963 von Lacan gelöst hat. Was gar nicht soviel besagt, weil es in den Jahren 1953 bis 1963 – der Hochzeit der »Société française de psychanalyse« – viel weniger implizierte, Schüler von Lacan zu sein, als nach der Gründung der »École freudienne de Paris« 1964. Aber diese Schülerschaft der frühen Jahre des Seminars hat sich in vielen spannenden Diskussionen niedergeschlagen, was gerade die ersten zwei Seminare zu äußerst angenehmen und fruchtbaren Lektüreobjekten macht. Elisabeth Roudinesco hat in ihrer Geschichte der Psychoanalyse in Frankreich ein recht zwiespältiges Portrait von J.-B. Pontalis gezeichnet. Für sie ist er der »stille Kronvasall einer endlich von der IPA anerkannten und, als höchste Befriedigung, (...) in den Büros der ruhmreichsten Festung des französischen Verlagswesen, dem Hause Gallimard, aufgenommenen Psychoanalyse ohne Abenteuer«.[18] Bei allem erkennbaren Vorbehalt, der sowohl politisch motiviert zu sein als auch von einer sicher empfundenen Stildifferenz herzurühren scheint, erkennt sie immerhin an, dass er »eine hervorragende zusammengefasste Transkription des Wortes des Meisters« vorgelegt habe.[19] Doch wird das insinuierte Bild einer gediegenen Langeweile sicher nicht dem gerecht, was Pontalis in seinen eigenen Schriften – Aufsätze, die zumeist in der Zeitschrift *Nouvelle Revue de Psychanalyse* erschienen sind – vorgelegt hat. Scheinbar unspektakulär und jeden großen Lärm scheuend umkreisen sie geduldig genau solche Fragen, die auf massive öffentliche Anteilnahme nicht spekulieren können. Um nur ein Beispiel zu geben: Eines dieser Themen ist das Visuelle des Traumes, das für Pontalis weder bei Freud in seiner das Bild zerschlagenden Deutungstechnik noch bei Lacan in der Theorie des Imaginären adäquat aufgehoben ist. Um diesen unbehandelten, vernachlässigten, aber in seiner Anziehungskraft ungebrochen wirkenden Rest kreisen mehrere Aufsätze.[20] Andere, immer wieder aufgenommene Themen sind die des psychischen Schmerzes oder des Verhältnisses von Literatur und Psychoanalyse.

Ähnlich wie die Bücher von Serge Leclaire[21], der es länger bei Lacan aushielt, ohne sich seine Eigenständigkeit nehmen zu lassen, sind auch die deutschen Übersetzungen der Werke von Pontalis alles andere als Renner. Vielleicht ist ihre Zeit noch nicht reif. Ein Lektor sprach einmal davon, dass diese Texte doch »zeitlos« seien (was immer das im heutigen Verlagsgeschäft heißen mag, wo Bücher nach zwei bis drei Jahren bereits in den Ramsch zu gehen pflegen) – da lag die Übersetzung bereits schon über zwei Jahre. Vielleicht kommt noch die Zeit für diesen Vermittler zwischen Freud und Breton, Merleau-Ponty und Lacan, dem Literarischen und dem Analytischen, dem Visuellen und dem Literalen des Traums.[22]

Gedankt sei J.-B. Pontalis für seine Zustimmung zu dieser Übersetzung und Veröffentlichung. Dass er die Autorschaft zunächst nicht ungeteilt annehmen wollte, ehrt ihn. Wir haben im Folgenden die Vermerke nicht gelöscht, in denen steht, ob die Darstellung mit ausdrücklicher Zustimmung durch J. Lacan erfolgte, oder ob diese, aus welchen Gründen auch immer, unterblieb.

Hans-Dieter Gondek

NACHTRAG 1999

In der Zwischenzeit ist das Seminar V in der von J.-A. und J. Miller edierten Reihe *Champ freudien* erschienen: *Le Séminaire Livre V: Les formations de l'inconscient,* texte etabli par Jacques-Alain Miller, Seuil, Paris, 1998. Was die Zukunft der deutschen Lacan-Ausgabe betrifft, ist eine Entscheidung gefallen: Die Übersetzungen der Seminare IV und V werden im Verlag Turia + Kant erscheinen. Auf Deutsch verfügbar ist nunmehr auch das in Anm. 5 genannte Werk von M. Borch-Jacobsen: *Lacan, der absolute Herr und Meister,* übers. von Konrad Homel, Wilhelm Fink Verlag, München, 1999.

ANMERKUNGEN

1 Elisabeth Roudinesco, *Jacques Lacan. Esquisse d'une vie, histoire d'un système de pensée*, Fayard, Paris, 1993; deutsch: *Jacques Lacan. Bericht über ein Leben, Geschichte eines Denksystems*, übers. von Hans-Dieter Gondek, Kiepenheuer & Witsch, Köln, 1996.

2 *Ebd.*, p. 567; dt. S. 646.

3 Gedacht ist an folgende Werke: Jean Allouch, *Marguerite ou l'Aimée de Lacan*, E.P.E.L, Paris, 1990 (über Marguerite Pantaine, verheiratete Dizieu, Lacans *Aimée* aus der Dissertation von 1932); Philippe Julien, *Le retour à Freud de Jacques Lacan*, Érès, Toulouse, 1985, Taschenbuchausgabe unter dem Titel: *Pour lire Jacques Lacan,* Seuil, Paris 1995 (in der Hauptsache eine Arbeit über das Imaginäre, vom Spiegelstadium bis zur Suche nach einem nicht-narzisstischen Imaginären im späten Werk); Guy de Gaufey, *L'incomplétude du symbolique,* E.P.E.L, Paris, 1991; Erik Porge, *Se compter trois*, Érès, Toulouse, 1989 (verfolgt das Theorem der logischen Zeit und seine stetigen (An-)Verwandlungen von 1945 bis ins Spätwerk); ders., *Les noms du père chez Jacques Lacan,* Érès, Paris, 1997 (dasselbe für den Namen-des-Vaters).

4 Eingestreute Überlegungen zu einer Betrachtung des Verhältnisses von Lacan zu Freud unter epistemologischen Gesichtspunkten – was im Französischen angesichts der starken Tradition von Bachelard, Canguilhem, Koyré etc. immer auch eine wissenschaftshistorische Perspektive impliziert – finden sich bei Jean Allouch, *Freud, et puis Lacan*, E.P.E.L, Paris, 1993.

5 Dem am nächsten ist mit Sicherheit Alain Juranville, der in *Lacan et la philosophie* (P.U.F., Paris, 1984, [3]1996; deutsch: *Lacan und die Philosophie*, übers. von Hans-Dieter Gondek, Boer, München, 1990) sowie in *Der psychoanalytische Diskurs nach Lacan* (übers. v. Hans-Dieter Gondek, Anna Katharina Ulrich und Peter Widmer, mit einem Vorwort von Peter Widmer, RISS-extra 1, RISS-Verlag, Zürich, 1994) allerdings mit einem dezidiert systematischen Interesse an Lacan herangeht und die Frage des Werkhistorischen entsprechend einordnet. Mikkel Borch-Jacobsen beweist in *Lacan, le maître absolu* (Flammarion, Paris, 1990) eine große Vertrautheit mit der Geschichte des Lacanschen Seminars, zumindest der fünfziger und sechziger Jahre, nimmt diese aber in der polemischen Ausrichtung seines Buches nur sehr partial wahr. Und auch die Studie von Joël Sipos,

Lacan et Descartes, la tentation métaphysique (P.U.F., Paris, 1994), ist trotz des weiten Horizontes, in den das Buch sein Anliegen stellt, in der gefragten Sache nicht sehr ergiebig.

6 Hier sind als arrivierteste Positionen die Studien von Jean-Claude Milner, *L'amour de la langue* (Seuil, Paris, 1978) und *Les noms indistincts* (Seuil, Paris, 1983), und von Michel Arrivé, *Linguistique et psychanalyse: Freud, Saussure, Hjelmslev, Lacan et les autres,* Klincksieck, Paris, 1986, zu nennen.

7 Jacques Lacan, *Le Séminaire Livre IV: La relation d'objet*, texte établi par Jacques-Alain Miller, Seuil, Paris, 1994.

8 *Ornicar?* No. 24 (Automne 1981), p. 5-31; *Ornicar?* No. 25 (Eté 1982), p. 5-44; *Ornicar?* No. 26-27 (Rentrée 1982), p. 11-36.

9 *Wo Es War, Nr.* 2 (1986), S. 3-60; *Wo Es War, Nr. 3/4* (1987), S. 5-45. Die Übersetzungen stammten von Susanne Hommel, Franz Kaltenbeck und Michael Turnheim.

10 *Das Seminar Buch III: Die Psychosen* ist in der Übersetzung von Michael Turnheim im Herbst 1997 im Quadriga Verlag (Weinheim/Berlin) erschienen. Die französische Originalausgabe stammt aus dem Jahre 1981.

11 Jacques Lacan, *Le Séminaire Livre III: Les psychoses*, texte établi par Jacques-Alain Miller, Seuil, Paris, 1981, p. 42; dt. (vgl. Anm. 10) S. 42.

12 In »Subversion du sujet et dialectique du désir dans l'inconscient freudien«, in: *Écrits,* Seuil, Paris, 1966, p. 793-827; deutsch: »Subversion des Subjekts und Dialektik des Begehrens im Freudschen Unbewussten«, übers. von Chantal Creusot und Norbert Haas, in: *Schriften II*, Quadriga, Weinheim/Berlin, [3]1991, S. 165-204.

13 Vgl. zum Beispiel Hermann Lang, *Die Sprache und das Unbewusste*, Suhrkamp, Frankfurt am Main, 1973, [2]1986, der den Graphen bis zu seiner zweiten Etappe verfolgt (S. 263), im weiteren allerdings auf gewisse Elemente eingeht, die zur Erläuterung der folgenden Etappen unerlässlich sind.

14 Vgl. Jacques Lacan, *Le Séminaire Livre VII: L'éthique de la psychanalyse*, texte établi par Jacques-Alain Miller, Seuil, Paris, 1986, p. 84; deutsch: *Das Seminar Buch VII: Die Ethik der Psychoanalyse*, übers. v. Norbert Haas, Quadriga, Weinheim/Berlin, 1996, S. 86 f.

15 Vgl. Claude Conté, Graphe, in: Pierre Kaufmann (Hg.), *L'apport freudien. Éléments pour une encyclopédie de la psychanalyse*, Bordas, Paris, 1993, p. 145 (Deutsche Ausgabe in Vorbereitung).

16 Vgl. S. Freud, »Über die Psychogenese eines Falles von weiblicher Homosexualität«, G. W. XII, S. 269-302

17 *G. W.* VIII, S. 238

18 Elisabeth Roudinesco, *Histoire de la psychanalyse en France.2, 1925–1985*, Seuil, Paris, 1986, p. 301. Vgl. auch p. 300-301, 625-630.

19 *Ebd.*, p. 300.

20 Vor allem »L'attrait du rêve« in: *La force d'attraction*, Seuil, Paris, 1990, p. 9-56; deutsch: »Das Anziehende an Traum«, in: *Die Macht der Anziehung* [der Titel wurde vom Verlag gewählt!], Fischer, Frankfurt am Main, 1992, S. 9-46 [dieses Buch ist vergriffen] und »Perdre de vue«, in: *Perdre de vue,* Gallimard, Paris, 1988, p. 275-298; deutsch: »Aus dem Blick verlieren«, in: *Aus dem Blick verlieren*, Kirchheim, München, 1991, S. 297-323.

21 Vgl. dazu den Nachruf von Norbert Haas in: *Der Wunderblock*, Nr 22, 1995, S. 54.

22 Auf deutsch erhältlich sind von Pontalis allein noch der autobiographische Text *Ins Beginnen verliebt*, edition diskord, Tübingen, 1989, *das Vokabular der Psychoanalyse*, hg. von Jean Laplanche und J.-B. Pontalis, übers. v. Emma Moersch, Suhrkamp, Frankfurt am Main, 1972, und *Objekte des Fetischismus*, hg. von J.-B. Pontalis, übers. von Eva Moldenhauer, Suhrkamp, Frankfurt am Main, 1972. Im Frühjahr 1998 erscheint: *Zwischen Traum und Schmerz*, übers. von Hans-Dieter Gondek, Fischer, Frankfurt am Main. Vergriffen sind *Nach Freud*, übers. von Peter Assion, Hermann Lang, Eva Moldenhauer und Gerd Roellenbeck, Suhrkamp, Frankfurt am Main, 1974, und Jean Laplanche/J.-B. Pontalis, *Urphantasie*, übers. von Max Looser, Fischer, Frankfurt am Main, 1992.

Jacques Lacan
Die Objektbeziehung und die Freudschen Strukturen

I
SEMINARSITZUNGEN VOM 21. UND 28. NOVEMBER UND VOM 5., 12. UND 19. DEZEMBER 1956[1]

Die Objektbeziehung nimmt in der Psychoanalyse von heute eine zentrale Position ein; sie stellt deren wichtigstes theoretisches Element dar; der offenkundige Vorrang[2] dieses Begriffs gibt in Durchführung und Ergebnissen einer Analyse die Richtung vor, die nur noch darauf abzielt, das Verhältnis des Subjekts zum Objekt und die Anpassung des Individuums an seine Umwelt zu korrigieren.

Um einen solchen Vorrang wieder in Frage zu stellen, ist es angebracht, sich auf die – in den vorhergehenden Jahren beschriebenen – Freudschen Strukturen zu beziehen, in denen sich die Analyse bewegt, und insbesonders auf die Struktur der Beziehung zwischen dem Analysierten und dem Analytiker, von der nur diejenigen, die sie verkennen, uns versichern, dass sie »äußerst einfach« sei.

Halten wir zuerst fest, dass bei Freud kaum die Rede von der Objektbeziehung ist. Was aber sagt Freud, wenn er ausdrücklich vom Objekt spricht?

Ein Kapitel der *Drei Abhandlungen zur Sexualtheorie* ist überschrieben: Die Objektfindung[3]. Man findet dort nirgendwo dieses völlig befriedigende Objekt beschrieben, das vollendete und vollendende[4] (das berühmte genitale Objekt), das den Menschen in einer letztlich adäquaten Realität begründen würde. Man findet darin etwas ganz anderes: die Vorstellung einer Sehnsucht, die das Subjekt an das verlorene Objekt bindet, und die das Wiederfinden mit dem Zeichen einer unmöglichen Wiederholung markiert. Man kann sich hierbei auf den berühmten Gegensatz zwischen dem modernen Begriff Wiederholung und dem platonischen Begriff Wiedererinnerung[5] berufen: Für Freud findet die Suche nach dem Objekt eindeutig im Register der Wiederholung statt. Auf diese Weise lassen sich die Opposition und die Komplementarität des Lustprinzips und des Realitätsprinzips verstehen. Freud unterstreicht zugleich, dass die tatsächliche Befriedigung der Lust das Realitätsprinzip erfordert, und dass das Lustprinzip dazu neigt, sich in einer irrealistischen, gar halluzinierten Form zu befriedigen; es bleibt eine irreduzible Opposition zwischen der Realität und dem bestehen, was dunkel durch die Strebung gesucht wird: Das Verhältnis des Subjekts zu seiner Welt ist zutiefst konflikthaft.

Gleichwohl gibt es sehr wohl einen Bereich, in dem die Subjekt-Objekt-Beziehung direkt, ohne Kluft ist: Es ist der Bereich der Ambivalenz – das Gebiet der prägenitalen Beziehungen der Art sehen/gesehen werden, angreifen/angegriffen werden –, die, wie in jeder sogenannten Spiegel-Beziehung, eine Identifizierung mit dem Partner, somit also Reziprozität voraussetzt: Jedes Subjekt macht sich darin zum Objekt. Ist dies der Anlass dafür gewesen, die Objektbeziehung in den Vordergrund zu stellen? Wir werden sehen, wohin man sowohl in der Theorie als auch in der Technik geführt wird, wenn man auf diese Weise, von einer dualen[6] Beziehung ausgehend, Rechenschaft von der Gesamtheit der analytischen Phänomene zu geben sucht. Sagen wir fürs erste nur, dass die (ungerechtfertigterweise aus dem von Karl Abraham eingeführten Begriff des Partialobjekts abgeleitete) Vorstellung eines adäquaten Objekts die Vorstellung eines autonomen Subjekts als Maß der Realität zur Folge hat, und dass nichts der Freudschen Konzeption einer Suche nach dem grundsätzlich verlorenen Objekt, in die das Subjekt fortwährend verwickelt ist, fremder wäre. Man führt heutzutage all die Kategorien der Normalisierung wieder ein; legt man im wesentlichen den Akzent auf die Umwelt, ja auf die sozialen Beziehungen, so führt dies in der Tat dahin, dem Patienten eine Identifizierung mit dem Ich nahezulegen, das die beste Anpassung an die Realität aufweist: das Ich des Analytikers. Man macht keinen Unterschied mehr, weder auf der dynamischen noch auf der genetischen Ebene, zwischen den Entwicklungsstufen des Ich und denen der Triebreifung.[7] Man unterscheidet starr zwischen den Prägenitalen, »schwachen Individuen, die verbissen versuchen, mit einem bedeutungsvollen Objekt objekthafte Beziehungen aufrecht zu erhalten«, und den Genitalen, deren Einheit niemals dem Verlust eines Objektes auf Gedeih und Verderb ausgeliefert sein soll.

Was folgt daraus für die Position des Objekts? Man verwechselt es mit dem Realen, während es sich für Freud – einer wie Glover hat das in Erinnerung zu rufen gewusst – nicht vom Grund der gemeinsamen Realität, sondern immer von einem Grund von Angst (die manche Autoren heutzutage mit der Furcht verwechseln) abhebt: Das Objekt maskiert in verschiedenen Phasen die Angst des Subjekts. So werden wir besser daran tun, statt von der allgemeinen Idee der Objektbeziehung von der einzigartigen Funktion des Objekts in der Phobie – wo es den Platz eines vorgeschobenen Sicherungspostens einnimmt –, oder im Fetischismus auszugehen: Was ist ein Fetisch-Objekt? Was ein Deck-Objekt?[8]

*

Immerhin kann man, bevor man das Fetisch-Objekt oder das phobogene Objekt erforscht, versuchen, die Position des Objekts im Verhältnis zum Realen zu präzisieren. Ist das Objekt das Reale oder nicht? Ist das, was man im Realen findet, das Objekt?

Dazu zwei Bemerkungen:

1) Der Analytiker muss sehr vorsichtig sein, wenn er vom Realen spricht, denn vielmehr als in seiner Erfahrung einbegriffen ist das Reale immer an der Grenze seiner Erfahrung. Der Analytiker befindet sich also ein wenig in der Situation des Ingenieurs eines Wasserkraftwerks, der interessiert ist an dem, was in der Maschine vor sich geht, in der sich die Energie akkumuliert und transformiert, der sich aber keine Gedanken um die Landschaft *vor* dem Bau des Werkes macht. Derjenige nun, der sich vergeblich auf die Suche nach einer potentiellen Energie, nach einer letzten »Realität« *jenseits* der strukturierten, konflikthaften, symbolisierten Realität begibt, mit der er es zu tun hat, verkennt die analytische Erfahrung radikal: ein Vorurteil, das dem Fortschritt der Psychiatrie bereits hinderlich war und von dem die Psychoanalyse sie hätte befreien sollen.

Man wendet ein: Aber die Libido? Und das Es*[9]? Unsere Antwort wird sein, dass der Freudsche Begriff der Libido – genau wie derjenige der *Äquivalenz* der verschiedenen Formen der physikalischen Energie – dazu bestimmt ist, ein gemeinsames Maß zwischen qualitativ unterschiedlichen Manifestationen einzuführen: Nichts ist weniger an ein materielles Substrat gebunden. Was das Es* betrifft, so bezeichnet es das, was im Subjekt imstande ist, ›ich‹ *(Je)*[10] zu werden, und nicht eine rohe Realität (was schon die Energie nicht mehr ist). Für den Analytiker gibt es immer schon ein fertiggestelltes und funktionierendes Kraftwerk. In anderen, diesmal linguistischen Termini ausgedrückt, gibt es nichts

* Im Original deutsch.

im *Signifikat* – Erlebnisfluss, Gelüste, Triebe –, das nicht vom Abdruck des *Signifikanten* geprägt wäre, mit all dem Gleiten des Sinns, das sich daraus ergibt und das den Symbolismus konstituiert.
2) Es gibt noch eine andere Verwendung des Begriffs Realität in der Psychoanalyse, die im Doppelprinzip der Lust und der Realität ins Spiel kommt und die schwer fassbar bleibt. Man wende sich dazu beispielsweise an einen kürzlich erschienenen Artikel von Monsieur Winnicott.[11]
Man neigt heute dazu, diese Prinzipien in verbildlichten Akteuren zu verkörpern: das Lustprinzip wird der mütterlichen Brust gleichgesetzt und das Realitätsprinzip dem Umstand, dass das Kind lernen muss, sie zu entbehren und, wie man sagt, Frustrationen zu ertragen. Der Lernvorgang wäre folgender: Zunächst bestünde kein Unterschied zwischen der auf der Halluzination gegründeten Befriedigung und der auf Wahrnehmung gegründeten (wobei die Mutter stets in dem Moment da ist, wenn sie gebraucht wird). Dann gäbe es eine fortschreitende Desillusionierung, mit der die Realität aufhört, mit der vom Wunsch hervorgerufenen Halluzination jeweils zusammenzufallen.
Man kann sich fragen, wie dieses allgemein anerkannte Schema es erlaubt, die äußerste Verschiedenartigkeit der Objekte zu begreifen, der instrumentellen und der phantasmatischen Objekte, die im Feld des menschlichen Begehrens eine Rolle spielen: Wie könnte man jemals über den Begriff eines Objekts, das genau dem primären Wunsch entspricht, hinauskommen? Winnicott nun merkt dazu an, dass es selbst für das kleinste Kind »Übergangsobjekte« gibt, diese Spielzeuge, die das Kind aus irgendetwas erschafft, und die man unmöglich innerhalb einer reduzierten und verkörperten Dialektik der Halluzination und des realen Objekts situieren kann.
Diese letzte Bemerkung offenbart ein merkwürdiges Vergessen, das Vergessen des wesentlichen Bereichs der analyti-

schen Erfahrung: des Begriffs des *Fehlens des Objekts (manque de l'objet)*. Die Analyse beginnt mit diesem Begriff; er ist zentral und auf dynamische Weise schöpferisch. Die aktuelle missbräuchliche Verwendung der Vokabel *frustration*[12] führt dadurch, dass sie für Verwirrung sorgt, zur Verkennung dieses Begriffs. Nehmen wir ein Beispiel: Man neigt heute dazu, die Vielfalt der dualen Beziehungen auf Entwicklungen der ursprünglichen Mutter-Kind-Beziehung zu reduzieren. Wir werden aber sehen, dass diese problematische Beziehung unverständlich bleibt, solange man sie in Realitätsbegriffen als Versagung *(frustration)* eines realen Objektes interpretiert. Freud hat zwischen Mutter und Kind einen dritten Term eingeführt, ein imaginäres Element, dessen signifikante Rolle vorrangig ist: den Phallus.

Beginnen wir also mit der Unterscheidung der Terme Kastration, Frustration und Privation, die sich alle drei auf diese Kategorie des Fehlens des Objekts, auf den »Phallizismus« beziehen.

*

Die Versagung *(frustration)* ist von ihrem Wesen her der Bereich der Rückforderung, der ungebändigten Forderungen, ohne Bezug zu irgendeiner Möglichkeit von Befriedigung; ihr Mittelpunkt ist eine imaginäre Beschädigung (ein Schaden). Die Privation hingegen ist etwas Reales: Wir werden behaupten, dass sie ein realer Mangel, ein Loch im Realen ist. Sie wirft im Übrigen eine Frage auf: Wie kann ein Lebewesen *(être)* – eine Ganzheit – sich einer Sache beraubt *(privée)* fühlen, die es per definitionem gar nicht hat? Was die Kastration betrifft, so ist sie bekanntlich seit Freud eher vernachlässigt als vertieft worden. Begreifen lässt sie sich nur in Verbindung mit der Ordnung des Gesetzes – des in der Struktur des Ödipus und des Inzestverbotes gegenwärtigen Gesetzes – und mit dem Register der Sanktion. Ohne in diesem Moment das Paradox zu erhellen, das darin besteht, die Kastration, wie Freud es getan hat, im Herzen der ödipalen Krise zu verorten, wollen wir darauf hinweisen, dass die Kastration nur auf der Ebene dessen situiert werden kann, was wir die symbolische Schuld nennen werden.

Was ist das also für ein Objekt, das in diesen drei Fällen fehlt? Im Falle der Kastration ist das, was fehlt, offensichtlich nicht ein reales Objekt (nur das Gesetz des Manu sagt, dass derjenige, der mit seiner Mutter geschlafen hat, sich die Genitalien abschneiden und mit ihnen in der Hand solange schnurstracks nach Westen gehen muss, bis dass der Tod eintritt). Das Objekt der Kastration ist imaginär: es ist der Phallus. Im Gegensatz dazu ist das Objekt der Frustration, so imaginär sie auch ist, sehr wohl ein reales Objekt; es ist – um uns an unsere besondere Kategorie des Objektmangels *(manque d'objet)* zu halten – der Penis als Organ. In der Privation schließlich ist das Objekt symbolisch: Denn in einem bestimmten Sinne ist das Reale immer voll: Ein Objekt fehlt an seinem Platz nur, wie man von einem Werk im Regal einer Bibliothek sagt, weil es da sein sollte.

Wir können also folgende Aufstellung machen:

Agent	*Objektmangel*	*Objekt*
	Kastration	Imaginäres
	symbolische Schuld	
	Frustration	Reales
	imaginäre Beschädigung	
	Privation	Symbolisches
	reales Loch	

Wie man sieht, bleibt noch zu verstehen, wer der Agent des Mangels ist und wie er verfährt.

*

Mit Freud befinden wir uns somit in einer Gegenposition zu jeder Vorstellung von einer prästabilierten Harmonie zwischen Trieb und Objekt, zu jeder natürlichen Zusammengehörigkeit zwischen dem, was das Begehren sucht, und dem, worauf es stößt. Erinnern wir daran, dass das, was seit den Anfängen als Skandalon in der Psychoanalyse angesehen wurde, nicht so sehr die der Sexualität beigemessene Wichtigkeit war, sondern vielmehr die These von der höchst paradoxalen Annäherung an ein sexuelles Objekt, das durch und durch inadäquat ist.

Aus diesem Grund entzieht es sich der begrifflichen Festlegung. Die immer wieder aufgenommene und immer wieder verworrene Diskussion um die Beziehung zu einem ursprünglichen Objekt, um die Existenz oder Nichtexistenz einer Autoerotik zeugt eher von einem Unbehagen, als dass sie zu einer Aufhellung führt. Der von M. und A. Balint eingeführte Begriff eines *primary love* (Komplementarität der beiden Pole des Bedürfnisses, Versöhnung von Egoismus und Gabe) behebt die Schwierigkeit nur um den Preis einer Vernachlässigung der klinischen Erfahrung, die nur Unstimmigkeiten zeigt. Man wird sich auch auf die Kritiken beziehen können, die F. Pasche und M. Renard an das Werk von Melanie Klein gerichtet haben,[13] das ihnen zufolge auf der Idee einer Präformation (»als ob die Eiche schon vollkommen in der Eichel enthalten wäre«) beruhen würde. Indem sie unzulässigerweise die Projektion und die Aggressivität privilegiere, lasse sie die Außenwelt gänzlich aus dem Subjekt hervorgehen und die objekthafte Beziehung verflüchtigen: eine Kritik, die danebengeht – denn eine der Fragen, die Melanie Klein stellt, lautet wohl eher: Wie kann sich ausgehend von einem ursprünglichen Chaos eine Ordnung herstellen? – und die auf überraschende Weise bei diesen Autoren mit dem Eingeständnis einer Position endet, die derjenigen, die sie Melanie Klein genau vorwerfen, sehr nahe ist. Sie schreiben nämlich: »Das Kind wird mit ererbten Instinkten einer Welt gegenüber geboren, die es noch nicht wahrnimmt, sondern an die es sich erinnert, und die es alsdann nicht durch eine Reihe von unerwarteten Funden zu entdecken, sondern wiederzuerkennen hat.«

Ergibt es wirklich einen Widerspruch, wenn man gleichzeitig die Existenz der Autoerotik sowie von wirkungsvollen und frühzeitigen Beziehungen mit den Objekten behauptet? Halten wir fest, dass die autoerotische Position keineswegs impliziert, dass es kein Objekt gibt, sondern dass der andere nicht konstituiert ist. Entscheidend ist hier die Funktion dessen, den wir in unserer Aufstellung den Agenten genannt haben.

Eine Funktion, die von allen Spielarten der Psychogenese verkannt wird, gemäß denen das Subjekt seine sukzessiven Beziehungen im Namen einer vorherbestimmten Reifung aus sich selbst absondern würde. Es gibt eine Wirksamkeit des Signifikanten, die jeder psychogenetischen Erklärung entgeht, denn das Subjekt führt diese signifikante, symbolische Ordnung nicht ein, sondern stößt auf sie. Man wird sich daher vergeblich bemühen, eine kindliche Furcht vor Löwen beispielsweise aus irgendeinem Bild des Körpers hervorgehen zu lassen. Ebenso lassen sich der Fetischismus und die Phobie nur als imaginäre »Lösungen« für die durch das Erscheinen des Phallus – der das ist, was der Mutter fehlt – zwischen der Mutter und dem Kind eingeführte Kluft verstehen.

Um das zu begreifen, wird man sich nur in Erinnerung zu rufen brauchen, was Freud über das berühmte (am Anfang von *Jenseits des Lustprinzips* beschriebene) »Fort, Da*«-Spiel sagt, das die erste Herausbildung des Agenten der Versagung, der Mutter, konnotiert und den Übergang von der Mutter-Kind-Beziehung zu einer komplexeren Beziehung verdeutlicht. Denn was geschieht, wenn die Mutter nicht mehr auf das Drängen des Begehrens antwortet, wenn sie nach *ihrem* Belieben antwortet? Sie wird real, sie wird

Macht. Daraufhin verändert sich der Zugang zu den Objekten: Die Objekte, die bis dahin schlicht und einfach Objekte der Befriedigung waren, verwandeln sich in Gaben von seiten dieser Macht. Alles in allem beobachten wir eine Positionsumkehrung. Die zuvor symbolische Mutter wird real und die realen Objekte werden symbolisch. Sie sind das Zeugnis der der mütterlichen Macht entstammenden Gabe, sie symbolisieren eine Gunst und eine Ungnade (ob sie nun ein Bedürfnis befriedigen oder nicht). Man spricht häufig mit Bezug auf das Kind von Allmacht; richtig, doch es ist die mütterliche Allmacht, die Mutter kann dem Kind alles Mögliche geben und kann es doch stets enttäuschen. In diesem Sinn ist es ihr gegenüber absolut abhängig und ohne Rückhalt.

Auf diese Weise beginnt die Herausbildung der Welt der Objekte. In dieser Welt aber gibt es ein Objekt, das eine paradoxerweise entscheidende Funktion innehat: den Phallus. Seine imaginäre Funktion – die analytische Erfahrung beweist es jeden Tag – ist für die Frau wichtiger als für den Mann, der annimmt, dass sein Gebrauch statthaft sei. Freud hat darauf hingewiesen, dass das Fehlen des Phallus bei der Frau eng mit ihrer Beziehung zum Kind zusammenhängt: Das Kind befriedigt ihr Bedürfnis nach dem Phallus, als reales symbolisiert das Kind das Bild *(l'image)*.

Was geschieht aber, wenn das Kind, die Geschlechterdifferenz entdeckend, auch entdeckt, dass seiner Mutter der Phallus fehlt und sie in ihm etwas anderes als es selbst begehrt? Die Krankengeschichte einer Phobie,[14] die falsch verstanden wurde von derjenigen, die sie berichtet, weil sie in ihr nichts anderes sieht als die Folgen der Versagung eines bevorzugten Objekts (der Mutter), erhellt diesen Punkt. Es handelt sich um ein Mädchen, das von seiner Mutter getrennt – der Vater ist tot – und aufgrund des Krieges einer Institution anvertraut wird. Mit zwei Jahren nimmt es die Geschlechterdifferenz wahr: Die kleinen Jungen haben einen

Penis, es hat nichts dergleichen. Sie begibt sich sogleich in eine Position der Rivalität, sie will »Pipi machen« wie die kleinen Jungen, sie in allem nachahmen, ihr Geschlecht mit der Hand berühren, sie beforscht Bilder, um Jungen und Mädchen zu vergleichen.

Doch auch wenn die Entdeckung seiner Phalluslosigkeit das Kind berührt, erzeugt sie nicht die Phobie. Über die gesamte Zeit hinweg besucht die Mutter regelmäßig ihre Tochter und erfüllt so ihre symbolische Funktion in einer vollkommenen Regelmäßigkeit von Anwesenheit und Abwesenheit und in den Kontaktspielen, in denen sie sich mit ihr beschäftigt, wobei sie sich ihr langsam nähert, sich dann entfernt und schließlich zurückkommt. Eines nachts, im Alter von zwei Jahren und fünf Monaten, großer Schrecken und ein Alptraum des Kindes: Ein Hund will sie beißen. Man muss sie aus ihrem Bett herausnehmen und in ein anderes bringen. Und während eines Monats entwickelt sich eine intensive Hundephobie; die mehr oder weniger artikulierten Kommentare, die sie dazu abgibt, lassen keinen Zweifel an der Bedeutung, noch weniger ihr erster eigentlicher Satz: »Der Hund beißt in die Beine von bösen Jungen«. Der Hund beißt das Geschlecht ab, er ist ein Kastrator. Was ist nun passiert zwischen der Entdeckung des Fehlens des Phallus und dem Ausbrechen der Phobie? Die Mutter hatte sich einer Operation unterziehen müssen und war nicht mehr gekommen, sie nahm dann ihre Besuche und ihre Spiele mit dem Kind wieder auf, aber nicht mehr mit derselben Fröhlichkeit und auch nicht mit derselben Präsenz; die Phobie taucht schließlich im Anschluss an einen Besuch auf, bei dem sie einen gebrechlichen Eindruck macht und sich auf einen Stock stützt. Die Episode bedeutet: Die Mutter hat keinen Phallus. Der Hund, ein Phantasiewesen, wird als verantwortlich für die Situation bezeichnet, er kastriert.

Die hier stark zusammengefasste Krankengeschichte erfordert eine zweite Bemerkung. Nach dem Krieg hört die Phobie auf. Die Mutter hat damals wieder geheiratet und ihre Kinder wieder zu sich genommen; nun ist also unser kleines Mädchen im Kontakt mit einem älteren Bruder, der ihr ein lebhaftes Interesse entgegenbringt und ihr die Geschlechterdifferenz, ihren Penismangel, wieder erlebbar macht. Dieser Umstand löst nicht nur keinen Rückfall der Phobie aus, vielmehr geht es dem Kind so gut wie nie vorher; denn es existiert jetzt ein neues Element: ein Vater, und allein dessen Anwesenheit erlaubt, über die Machtbeziehungen hinauszukommen, die sich zwischen der Mutter und dem Kind hergestellt hatten. Die symbolische Funktion des Vaters führt eine Abweichung zwischen den drei Termen der Beziehung Mutter, Kind, Phallus ein, sie fügt den Objektmangel in eine neue Dialektik ein.

*

Diese erste Annäherung erhellt bereits, was man die aktuelle Verirrung der analytischen Theorie nennen muss. Diese ist besonders deutlich in einem kürzlich erschienenen Artikel – man findet sie aber in tausend anderen – mit dem Titel »*Die Bedeutsamkeit der Rolle der Motrizität in der Objektbeziehung*«.[15] Das Objekt ist der Analytiker; zwischen ihm und seinem Patienten entsteht eine ursprüngliche triebhafte Beziehung, die sich durch eine motorische Aktivität manifestiert; der Analytiker hat lediglich den in seinen eigenen Reaktionen selbst nur spurenförmig auftauchenden Trieb aufzudecken und insbesondere zu einer Entäußerung der erotischen Aggression hinzuleiten.

Man wird sich fragen können, warum in einer solchen Situation gesprochen wird; de facto wird die Verbalisierung von den Autoren nur insofern berücksichtigt, als sie impulsiv, eine rein motorische Bekundung ist. Eine solche Auffassung der Analyse zielt darauf ab, die Distanz zwischen dem inneren Objekt und dem äußeren Objekt auf die reale

Distanz zwischen dem Patienten und dem Analytiker zu reduzieren. An einem vorgeblichen Realen der Anwesenheit des Analytikers wird die ganze Akkomodation der imaginären Beziehung ausgerichtet; eine Ausrichtung, die vor allem in Fällen von Zwangsneurose unvorhersehbare Reaktionen auslöst. Wird nämlich die duale Beziehung Analytiker-Patient, die man uns als eine Art von »bundling« (Annäherung ohne Kontakt) beschreibt, zu ihren letzten psychologischen Konsequenzen geführt, so bietet sie dem Patienten, der gegenüber der Zerstückelung mehr oder weniger offen ist, die Gelegenheit, zur Einheit mit sich selbst zu kommen, indem er sich auf einen anderen stützt (anaklitische Abhängigkeitsbeziehung) oder seine inneren Spannungen in der Identifizierung mit dem anderen löst (narzisstische Beziehung).

Die Krankengeschichte eines phobischen Subjekts, das sich in Analyse befindet, ist in dieser Hinsicht sehr aufschlussreich[16]; man sieht hier, wie eine bei dem Patienten auftauchende »transitorische perverse Reaktion«[17] durch eine Reihe von Interventionen und Deutungen der Analytikerin ausgelöst wird, die die analytische Position mit einer realen Situation verwechselt und nur darauf bedacht ist, ihren Patienten endlich an die gute Distanz anzupassen.

Wiedergabe durch J.-B. PONTALIS,
mit Zustimmung von Dr. LACAN.

II
SEMINARSITZUNGEN VOM 9., 16. UND 23. JANUAR 1957

Wenn man die Objektbeziehung behandelt, ist es nicht schlecht, sich zu fragen, wie »das weibliche Objekt« es sich vorstellt. Jedes Mal nun, wenn die Psychoanalyse den von der Frau durchlaufenen Weg nachzeichnet, von den ersten Annäherungen an das ursprüngliche Objekt ihres Begehrens, die mütterliche Brust[18], bis zur Ambiguität ihres natürlichen und ihres symbolischen Verhältnisses zum Mann, stößt sie auf das Problem der weiblichen Homosexualität. Zu diesem Thema können wir auf eine großartige Krankengeschichte von Freud zurückgreifen.[19] Sie wird verständlich werden, wenn man sich auf die These bezieht, die Freud an anderer Stelle aufstellt, insbesondere in seinem Aufsatz über *Die infantile Genitalorganisation der Libido*[20], den er geschrieben hat, um einige in den *Drei Abhandlungen*[21] dargelegte Auffassungen zu vervollständigen. Freud führt darin die bereits aufgestellte Analogie zwischen der infantilen Sexualität und der erwachsenen Sexualität weiter; er bestätigt dabei, dass eine Wahl des vollendeten Objektes[22] mit dem Abschluss der infantilen Sexualität möglich ist. Vor allem erhebt er den Primat der Übernahme des Phallus zum Prinzip: Für den Jungen wie für das Mädchen »gibt es nur ein Organ, das zählt, das ist der Phallus«. Erst in der Pubertät realisieren sich die Begriffe Männlichkeit und Weiblichkeit. Vorher habe das Kind nur Zugang zu einer Differenz zwischen solchem, das mit dem phallischen Attribut ausgestattet, und solchem, das dies nicht ist, während es zugleich in Unkenntnis sei über die Rolle des männlichen Samens und die Existenz des weiblichen Organs als solcher.

Es bedeutet keinen Einwand gegen diese wahrhaft überraschenden Behauptungen Freuds, wenn man im Namen der realen Erfahrung beispielsweise hervorhebt, dass das kleine

Mädchen frühzeitig eine Lokalisierung der Vagina, ja sogar eine vaginale Masturbation kennt.
Tatsächlich lässt sich die Freudsche These vom Vorrang des Phallus – und ebenso die, dass das Kind als imaginäres Substitut des Phallus genommen werden kann – nur in ihrer Ordnung symbolischer Faktoren verstehen. Wir haben diese mit der Krankengeschichte des kleinen Mädchens[23] in ihrer vollen Wirkung erfasst: Das treibende Moment ihrer Phobie ist nicht, dass sie keinen Phallus habe, sondern dass ihre Mutter sich in der Offenbarung einer Blöße als unfähig erwies, ihr diesen zu geben. Die Phobie geht zurück, als das Kind seinen Platz wieder in einer vollständigen Familie einnimmt; die Anwesenheit des Vaters, die die Versagung wiederaufleben lassen müsste, bewirkt im Gegenteil, dass das kleine Mädchen seine Phobie nicht mehr benötigt, um das Fehlen eines jeden phallusförmigen Elementes zu ersetzen.
Im Übrigen lässt sich, analytisch gesprochen, von Gegebenheiten wie der Befriedigung oder der Enttäuschung des Begehrens ausgehend nichts rekonstruieren. Jede Versagung, die aus einer Forderung entsteht, impliziert *den anderen*; folglich ist in der Versagung weniger das Objekt im Spiel als die *Gabe*, und der – stets verschwindende – Moment der Versagung lässt uns in eine andere Ebene münden als der des bloßen Begehrens, nämlich in das, was wir die symbolische Ordnung nennen. Wenn dem Mädchen das Kind als Substitut des fehlenden Phallus erscheint, dann erhält diese Gleichung Kind-Phallus ihren Wert nur durch den Bezug auf die Kastration. Allgemein ausgedrückt wird ein Konflikt erst von dem Moment an eigentlich analysierbar, wenn das Subjekt in diese symbolische Ordnung eintritt, die vor allem, was ihm geschieht, bereits existiert.

*

Dies alles erfährt in dem *Fall von weiblicher Homosexualität* seine Bestätigung. Freud berichtet darin die Geschichte einer jungen Frau von achtzehn Jahren, die eine leidenschaftliche Zuneigung für eine Dame mit dem Ruf einer ›Kokotte‹ bezeigt. Den Vater macht es rasend, die Mutter nimmt die Affäre nicht allzu ernst. Eines Tages trifft der Vater seine Tochter zusammen mit jener Dame und wirft ihnen einen zornigen Blick zu. Daraufhin stürzt sich die junge Frau auf die Gleise einer jener Ringbahnen, die Wien durchqueren. Später wird sie erklären, dass ihre Freundin, beunruhigt durch die Haltung des Vaters, ihr befohlen hatte, jegliche Beziehung zu ihr aufzugeben.

Was erbringt die Anamnese? In der Kindheitsgeschichte findet sich nichts, das den Anschein erwecken könnte, pathologische Konsequenzen nach sich ziehen zu müssen. Eine einzige Episode sticht hervor, in der sie sich mit dreizehn, vierzehn Jahren um das dreijährige Kind von Freunden kümmert und dieses mit einer solchen Leidenschaft hätschelt, dass man darin naiverweise das Zeichen einer unwiderstehlichen Berufung für die Mutterschaft hätte finden können. Erst später interessiert sie sich für Frauen, die um die fünfunddreißig Jahre alt sind und die man als Mutterersatz ansehen kann. In der Zwischenzeit hat die Mutter ein Kind bekommen. Als die junge Frau nach ihrem Selbstmordversuch ihre Behandlung bei Freud beginnt, ist ihre Homosexualität eine erklärte: Sie will sich wohl analysieren lassen, um die Forderungen ihrer Familie zu erfüllen (lesen Sie zu diesem Punkt die Bemerkungen Freuds über die Schwierigkeit von Analysen, die von Dritten gewollt sind), aber sie wird in keiner Weise ihre Objektwahl aufgeben.

Alles in allem hätte eine auf den Wunsch, vom Vater ein Kind zu bekommen, gerichtete Orientierung bestanden, sodann wäre es infolge einer Enttäuschung durch das Objekt des Begehrens zu einer Kehrtwendung gekommen: Homosexualität als Reaktionsbildung, auf dem Grund einer

Identifizierung mit dem Vater. In der Tat springt das Ressentiment gegenüber dem Vater in die Augen: Die junge Frau zeigt sich aggressiv ihm gegenüber, fordert ihn in aller Ruhe heraus, indem sie nahezu vor seinen Fenstern mit der Dame spazieren geht. Freud notiert, dass die Eltern sich verhalten, als ob sie das Spiel verstünden: wütender Vater, tolerante Mutter. Der Selbstmordversuch erscheint zugleich als Bestrafung und als Wunsch, der Sturz bedeutet symbolisch die Niederkunft (Wortspiel mit *niederkommen**, das fallen und gebären heißt).

Die Behandlung erscheint Freud aussichtslos: die junge Frau zeigt viel »guten Willen«, hat an ihr aber nur ein »intellektuelles Interesse«. Es gibt durchaus positive Elemente, besonders in den Träumen (Ankündigung eines überaus befriedigenden Ehemannes, Erwartung eines Kindes). Doch nach Freuds Auffassung ging es nur darum, in der Übertragung jenes grausame Spiel, eine Art von Gegen-Täuschung, zu reproduzieren, das sie mit dem Vater getrieben hat. (Bei dieser Gelegenheit erörtert er die Frage: Wenn das Unbewusste uns belügt, auf wen soll man sich dann noch verlassen können?)

Halten wir nebenbei Freuds Gegenübertragung auf die junge Frau fest: Er fürchtet, desillusioniert zu werden, von daher ist er also nur allzu bereit, sich Illusionen zu machen. Er hätte den Wunsch, zu täuschen, deuten können, anstatt ihn als gegen sich selber gerichtet zu sehen und anzuprangern und so in das imaginäre Spiel der Patientin hineinzuschlittern. Wir werden darauf zurückkommen.

Sehen wir uns zunächst die Krankengeschichte und vor allem in ihrer ganzen Besonderheit die letzte homosexuelle Episode etwas genauer an. Die junge Frau zeigt eine platonische, exaltierte, aufopfernde Liebe, die bis in ihren institutionellen Stil hinein an die höfische Liebe erinnert. Sie steht im Dienste ihrer Dame. Es scheint, als lebe sie etwas, das auf die Nicht-Befriedigung zielt. Was die junge Frau begehrt, ist das, was ihr fehlt. Das Kind war ihr ein imaginärer Ersatz. In ihrer idealisierten Liebe zu der Dame sucht sie weiterhin das, was ihr fehlt. In Wirklichkeit sehen wir dort die Aufrichtung des Mangels in der Beziehung zum Objekt lebendig werden. Wie das? Wie artikuliert sich der Mangel in diesem besonderen Fall?

*

Erinnern wir daran, dass es gemäß der um den Vorrang des Phallus zentrierten infantilen Genitalorganisation zwei Kategorien von Wesen gibt: diejenigen, die den Phallus haben, und diejenigen, die kastriert sind. Für das Mädchen heißt das, dass es in den Ödipus und in die Symbolik der Gabe als dasjenige eingeführt wird, das den Phallus nicht besitzt. Den Penis, den das Mädchen begehrt, wird es vom Vater in der Form eines Ersatzes, des Kindes, erhalten.

Was sehen wir in dem von Freud berichteten Fall? In einem ersten Zeitraum ist die junge Frau imaginäre Mutter. Sie kümmert sich um ein reales Kind, das aber den imaginären Penis repräsentiert; was den Vater betrifft, so interveniert er hier nur als symbolische Funktion, als derjenige, der den Phallus geben muss.

Nun, in dem Moment, wo der Vater im Realen interveniert, indem er der Mutter ein Kind gibt, ist die Krise da. In einem zweiten Zeitraum sehen wir, wie die junge Frau, die nicht länger in einer imaginären Beziehung zum Kind bleiben kann, in ihrer Liebe zu der Dame einen Ausweg aus ihrem Mangel findet; sie sucht immer noch das, was ihr fehlt: den Phallus als das zentrale Objekt der libidinösen Ökonomie. Die Dame wird an die Stelle des Kindes gesetzt, und der Penis erhält nun eine symbolische Funktion: er ist als Mangel jenseits der geliebten Person. Der Vater hingegen nimmt einen imaginären Platz auf der Ebene des *Ich* der jungen

Frau ein, die ihre Affäre in einem ganz und gar männlichen Stil betreibt.
Durch ihre absolut uneigennützige Liebe zu der Dame beweist sie ihrem Vater im Angesichte der erdrückenden Überlegenheit des erwachsenen Rivalen (der Mutter), dass man jemanden lieben kann für das, was er nicht hat. Hier muss die Differenz zwischen der Versagung des Genießens des Objektes und der Versagung der Liebe hervorgehoben werden. Halten wir fest, dass erstere niemals in der Lage sein wird, die Realität zu erzeugen. Sie bringt höchstens das Begehren wieder in Schwung, führt jedoch zu keinerlei Art von Objektkonstitution. Hier ist es die Versagung der Liebe, die im Spiel ist, und ihr Objekt ist die Gabe, die Liebe, die diese Gabe machen kann.
Das wird verständlich in dem Traum, den die junge Frau Freud erzählt (sie wird ein Kind haben), und in dem er nur einen Traum sieht, der ihn täuschen soll. Nun, was formuliert dieser Traum, auf seinen signifikanten Wert zurückgeführt? Dass sich der Eintritt des Mädchens in den Ödipus auf ein Versprechen gründet: Du wirst ein Kind von mir haben. Und in dem Traum artikuliert sich eine Situation, die diesem Versprechen Genüge tut: Es ist also jeweils derselbe Inhalt des Unbewussten, das sich enthüllt. In der Übertragung gibt es ein imaginäres und ein symbolisches Element. Bei einer weniger schwankenden Position der Übertragung wäre Freud imstande gewesen, etwas anderes zurückzubehalten als bloß ein imaginäres Element, sein Vertrauen in diese symbolische Artikulation zu setzen und den lügenhaften Diskurs zu analysieren, der im Unbewussten da war...

*

Dies wird noch weiter erhellt werden durch den Vergleich mit dem *Fall Dora*, der ebenfalls einen Vater, eine Tochter und eine Dame (Frau K.) umfasst, um die sich das Problem dreht.[24] Allerdings ist in dem Fall der Homosexuellen die Mutter anwesend und trägt ein Element realer Versagung bei, das die Ausbildung der perversen Konstellation determiniert, und es ist die junge Frau, die die Dame einführt. Im *Fall Dora* ist die Mutter nicht an der Situation beteiligt, und es ist der Vater, der die Dame einführt und sie darin zu halten scheint.

Erinnern wir uns an die Entwicklung von Doras Analyse.

1. – Zunächst eine Anklagerede: Dora macht ihren Anspruch auf die Zuneigung des Vaters geltend, die dessen Liaison mit Frau K. ihr geraubt habe; sie beklagt sich, den Zudringlichkeiten des Herrn K. ausgeliefert zu sein.

2. – Freud kehrt die Position um: Welchen Anteil hat Dora an dieser Situation? Es scheint, als trage sie aktiv dazu bei, diese aufrechtzuerhalten, insbesondere, dass ihr Herr K. den Hof macht.

3. – Freud wird sich darüber klar, dass er auf Grund seines Insistierens – Dora soll zugeben, dass ihr Objekt Herr K. ist – scheitert.

4. – Es besteht durchaus eine libidinöse Bindung an Herrn K., aber ebenfalls eine Bindung von anderer Ordnung an Frau K. Frau K. ist nicht nur das erwählte Objekt, sie ist die Frage Doras, sie verkörpert in ihren Augen die weibliche Funktion, das Geheimnis ihrer körperlichen Weiblichkeit; das, was Dora in Frau K. sucht, ist eine Antwort auf ihre Frage: Was ist eine Frau?[25] Oder genauer: Wie kann man sich als Objekt des Begehrens des Mannes akzeptieren?

Doras Vater ist impotent. Nun gibt der Vater symbolisch das fehlende Objekt, den Phallus; hier kann er ihn nicht geben, und man wird an mehr als einem Merkmal sehen können, dass diese phallische Unzulänglichkeit die ganze Krankengeschichte durchzieht. Doch nährt sich die Liebesbeziehung von Zeichen; man kann sagen, dass es am Ende kein größeres Zeichen von Liebe gibt als die Gabe dessen, was man nicht hat. Die Gabe ist gemäß dem Gesetz des Tausches das, was zirkuliert (man gibt das, was man bekommen hat, man gibt, um zu bekommen), aber in der Liebesbeziehung wird die Gabe für nichts gegeben. Das Subjekt opfert jenseits dessen, was es hat. Dora liebt ihren Vater für das, was er ihr nicht gibt. Im Übrigen versucht der Vater das, was er an männlicher Anwesenheit nicht realisieren kann, durch symbolische Gaben (Geschenke) zu ersetzen.

Welchen Platz nimmt Herr K. in dieser Quadrille ein? Dora ist eine Hysterikerin, das besagt, dass sie auf ihr homosexuelles Objekt durch Identifizierung mit jemandem des anderen Geschlechts zugeht. Sie identifiziert sich mit Herrn K.; in der Behandlung beginnt sie, sich mit Freud zu identifizieren (während Freud seinerseits – er wird seinen Gegenübertragungs-Fehler erst später erkennen – dazu neigt, sich an die Stelle von Herrn K. zu setzen und Dora auf jene Liebe hin auszurichten, die Herr K. ihr entgegenbringe). Dora kann zulassen, dass ihr Vater in ihr und über sie hinaus Frau K. liebt, aber unter der Bedingung, dass Herr K. eine genau inverse und ausgleichende Funktion übernimmt: dass Dora von ihm über seine Frau hinaus geliebt werde, was impliziert, dass seine Frau für ihn etwas sei. Diesbezüglich erklärt Herr K., der Dora den Hof macht, ihr: Meine Frau ist nichts für mich. Sofort gibt Dora ihm eine Ohrfeige. Wenn Herr K. sich nur für sie interessiert, somit Frau K. nicht mehr im Kreislauf ist, und dann ihr Vater sich nur für Frau K. interessiert, so ist Dora nicht mehr im Kreislauf. Nun ist sie also auf den Status eines Objektes reduziert, an den Ehemann verkauft, um ihm sein Entgegenkommen zu bezahlen. Es bleibt ihr nichts anderes übrig, als den Anspruch auf die Liebe ihres Vaters absolut geltend zu machen, die ihr vollständig verweigert wird.

*

Die junge Frau der ersten Krankengeschichte bewies, wie gesagt, durch den Stil ihrer Liebe gegenüber der Dame, dass man jemanden lieben kann für das, was er nicht hat. Sie gab etwas dadurch zu verstehen, dass sie von etwas anderem sprach, was die Definition der *Metonymie* ist. Wir möchten behaupten, dass die Funktion der Perversion beim Subjekt metonymisch ist.

Im *Fall Dora* ist es anders: Frau K. ist die *Metapher* von Dora, denn Dora weiß nicht, wo sie sich situieren kann: wozu dient sie? Wozu dient die Liebe? Unter allen ihren Symptomen geht die Frage um: Was heißt es, eine Frau zu sein? In diese Metapher führt Freud unvorsichtigerweise ein reales Element ein: Er (Herr K.) ist es, den Sie lieben.

Unter diesem Blickwinkel lässt sich die Differenz zwischen den beiden Fällen gut an einem bestimmten Symptom erkennen. Nach ihrem Bruch mit Herrn K. bringt Dora ein Symptom hervor (eine Schwangerschaftsphantasie), das nur metaphorischen Wert hat. Der Selbstmordversuch der anderen jungen Frau bedeutet etwas ganz anderes: Der Phallus wird endgültig verweigert (sie fällt), und zugleich macht sie sich selber dieses Kind, das sie nicht bekommen hat (sie kommt nieder). Sie zeigt mittels Metonymie das treibende Moment ihrer homosexuellen Perversion an: eine dauerhafte und besonders verstärkte Liebe zum Vater.

*

Man stellt häufig Neurose und Perversion darin einander gegenüber, dass das, was bei der Neurose im Unbewussten verborgen ist, bei der Perversion offen zu Tage liegen soll. Dies ist nicht so. In Wirklichkeit lässt sich die Perversion nur als Element der Artikulation des Ödipus und seiner Schicksale[26] verstehen.

Man wird sich davon am Beispiel einer sadomasochistischen Phantasie überzeugen können, die Freud bei der Frau beobachtet und deren Stadien er bis hin zu ihrer abschließenden Formulierung analytisch nachzeichnet.[27] Erste Ausarbeitung: *Mein Vater schlägt ein Kind, welches das Kind ist, das ich hasse.* Die angesprochene Situation umfasst drei Personen: den Agenten der Züchtigung, denjenigen, der sie erleidet und die elterliche Bevorzugung einbüßt, und schließlich das Subjekt als Dritter. In diesem Stadium ist die Phantasie an das Erscheinen eines Bruderrivalen gebunden. Sie bedeutet: Mein Vater schlägt meinen Bruder aus Furcht, dass ich glauben könne, dass ich nicht der Bevorzugte sei. Sie setzt also eine intersubjektive Struktur voraus, innerhalb derer dem Dritten der Vorzug gegeben wird.

In einer zweiten Ausarbeitung reduziert sich die Situation auf zwei Personen: *Ich werde von meinem Vater geschlagen*, mit all der Ambivalenz, die dies beinhaltet, denn das Subjekt hat genauso seinen Anteil daran wie derjenige, der es angreift.

Schließlich, in einer letzten Phase, ist die Situation vollkommen »entsubjektiviert«: Das Subjekt ist nurmehr ein Zuschauer, ein bloßes Auge, und die niemals ohne irgendeine Abneigung formulierte Phantasie – denn es ist nicht dasselbe, sie imaginär zu genießen und sie einzugestehen – lautet: *Ein Kind wird geschlagen.* Auf dieser Ebene finden wir nurmehr die Aufrechterhaltung von Signifikanten im reinen Zustand vor, unpersönlichen Signifikanten, während die intersubjektive Beziehung, die Trägerin von Bedeutungen, verschwunden ist.

Wir haben genug dazu gesagt, um zu erfassen, dass die Perversion etwas ganz anderes ist als das Produkt eines einfachen Unfalls der Triebentwicklung. Sie ließe sich weder als das Überleben eines irreduziblen Partialtriebes definieren, der unbeschadet und unbearbeitet die ganze Dialektik des Ödipus durchläuft, noch als schlichtes Negativ der Neurose (sofern darunter verstanden wird, dass sie der ödipalen Organisation entginge). Das Beispiel dieser perversen Phantasie hat uns die Ausbildung der Gussform der Perversion gezeigt: Aufwertung des Bildes und Reduktion der gesamten subjektiven Struktur der Situation; es bleibt – wie in der Deckerinnerung, in der plötzlich etwas auftaucht, das den Fluss der Erinnerung erstarren lässt – nur ein privilegierter Zeuge, ein reines Zeichen, welches artikuliert werden muss, das von der Dialektik der Übertragung und des analytischen Dialogs zurück ins Spiel gebracht werden muss.

Wiedergabe durch J.-B. PONTALIS,
mit Zustimmung von Dr. LACAN.

III
SEMINARSITZUNGEN VOM 30. JANUAR, 6. UND 27. FEBRUAR 1957[28]

Mit den Perversionen treten die Paradoxien offen hervor, die im Begehren und seinem Objekt verborgen liegen. Dass die Untersuchung dieser Paradoxien dem Freudschen Denken als Ausgangspunkt für die Dynamik des Begehrens dient, zu der es hinführt, ist genau das, wovon sich die Psychoanalyse von heute abwendet.

Man beziehe sich beispielsweise auf das, was Freud uns in den *Drei Abhandlungen* und in seinem Artikel von 1927[29] über den *Fetischismus* sagt. Der Fetisch ist bekanntlich Symbol des Phallus, aber des Phallus der Frau, sofern sie ihn nicht hat, oder, besser: sofern sie ihn als abwesenden hat. Allgemein und zu Unrecht deutet man den »Glauben«, der in der Analyse des Fetischisten auftaucht, in Begriffen der Verkennung des Realen: Das würde heißen, dass in den Augen des Kindes, das zur Realität immer ein zweifelhaftes Verhältnis hat, die Frau einen realen Phallus hätte. Tatsächlich ist der Fetisch nicht das Symbol des realen Phallus, sondern des Phallus, insofern er symbolisch ist.

Um dies zu verstehen, muss wiederum zwischen der imaginären Ebene und der symbolischen Ordnung unterschieden werden, das heißt hier zwischen der Minderwertigkeit, die die Frau empfinden kann (weil sie keinen Penis oder einen allzu kleinen hat), und der Abwesenheit-Anwesenheit des symbolischen Phallus: Abwesenheit-Anwesenheit als Korrelat der Kastration, die für das Mädchen impliziert, dass es den Phallus nicht hat, aber dass es ihn empfangen kann. Nach Freuds Auffassung tritt das Mädchen durch die Kastration in den Ödipus ein (während der Junge ihn auf demselben Weg verlässt).

Das von Monsieur Lévi-Strauss in *Les structures élémentaires de la parenté [Die elementaren Strukturen der Verwandtschaft]* analysierte Gesetz des Tausches zeigt uns die Frauen als Objekte, die zwischen den männlichen Linien zirkulieren; das Gesetz wäre aber nicht weniger gültig, wenn die Frauen im Zentrum des Systems ihren Platz hätten und den Phallus empfängen, für den sie im Tausch das Kind gäben. Dass man diesen Tausch dennoch als androzentrisch beschreiben muss, hängt, so sagt uns Lévi-Strauss, mit den spürbaren Auswirkungen der politischen Macht zusammen, deren Ausübung dem Mann zukommt. Der Phallus herrscht also vor, weil er auch das Szepter ist, anders gesagt, weil er zur symbolischen Ordnung gehört.

Auf der imaginären Ebene – über diesen Punkt ist die analytische Erfahrung schlüssig – erscheint die Frau als umstrickend, gar als verschlingend. Gibt die Gemeinsprache, die umgekehrt ständig wiederholt, dass die Frau *sich gibt*, damit nicht eindeutig zu verstehen, dass sie in der Tat etwas geben muss im Tausch für das, was sie empfängt? Halten wir abschließend als Beleg fest, dass es sich beim Fetischismus nicht um imaginäre Defizienz handelt, dass man ihn gar nicht oder sehr selten bei der Frau vorfindet.

Wie kann nun die fetischistische Beziehung, diese einzigartige Beziehung zu einem Objekt, das keines ist, entstehen? Wir haben gesagt: Was im Objekt geliebt wird, ist das, woran es ihm fehlt, und auch, dass man in der Liebesbeziehung als Gabenbeziehung nur das geben kann, was man nicht hat. Diese Formeln werden uns vielleicht helfen, die grundlegenden Gleichungen des Fetischismus zu klären, denn sie führen zur Idee vom konstituierenden Charakter eines Jenseits des Objektes.

Um uns besser verständlich zu machen, möchten wir hier das Bild eines vor einem Objekt platzierten Schleiers oder Vorhangs einführen. Der Vorhang erhält seinen gesamten Wert daraus, dass er das ist, worauf die Abwesenheit projiziert wird; er ist das Idol der Abwesenheit; das, was jenseits ist als Mangel, realisiert sich in ihm als Bild; der Mensch verkörpert in ihm jenes Nichts, das jenseits des Objekts der Liebe ist.

Nun ist im Fetischismus das Jenseits, welches nichts ist, eben der Phallus, insofern er der Frau fehlt. Dass es darin einen Vorhang gibt und das Objekt darauf als Jenseits erscheinen wird, illusorisch, doch als illusorisches geschätzt, ist der Fetisch. Eine Illusion, die allzeit auf Gnade oder Ungnade dem möglichen Herabstürzen oder Heben des Vorhangs ausgeliefert ist; eine Illusion, die eine außerordentlich zwiespältige Beziehung erzeugt, welche genau die des Fetischisten zu seinem Objekt ist; eine aufrechterhaltene, als solche erlebte und bevorzugte Illusion.

Warum ist der Schleier dem Menschen wertvoller als die Realität? Wie kann die Ordnung dieser illusorischen Beziehung ein für sein Verhältnis zum Objekt notwendiges Konstituens werden?

Der Fetisch ist jenes faszinierende Objekt, das sich auf dem Schleier einschreibt, er ist jenes Idol, ja jene Trophäe, wodurch das Subjekt seine Beziehungen zum Geschlecht mit einem Wappen ausstattet. Im Fetischismus ist das Subjekt dem Imaginären ausgeliefert, es lässt sich von ihm einfangen; die ternäre symbolische Beziehung, Subjekt-Objekt-Jenseits, steigt auf den Schleier herab, um sich auf ihm zu verkörpern. Jedesmal, wenn der Fetischist versucht, Liebesbeziehungen anzudeuten, treffen wir auf einen regelmäßigen Wechsel zwischen imaginären Identifizierungen: sei es mit dem Phallus, den die Frau verschlingen und zerstören kann, sei es mit der Frau selber, sofern sie dem zerstörerischen Penis trotzt (die sadistische Theorie des Koitus).

So gesehen erscheint das Transvestitentum wie ein Versuch des Fetischisten, jenes Objekt zurückzuerhalten, von dem er getrennt ist. Indem es zur Travestie greift, identifiziert sich das Subjekt mit einer Frau, die einen Phallus hat, der ein verborgener ist. Dieser Versuch treibt übrigens nur die traditionelle Funktion der Kleidung auf die Spitze, die zugleich das, was man hat, und das, was man nicht hat, verbirgt: selbst wenn das reale Objekt da ist, muss man denken können, dass es darin vielleicht nicht da ist.

Eine ganze Literatur, zum Beispiel *Le diable amoureux [Der verliebte Teufel]* von Cazotte (der mittels einer dämonischen List ein außerordentlich zwiespältiges weibliches Wesen inszeniert), zeigt uns neben anderen erstaunlichen Geheimnissen die symbolische Funktion des Mädchens als Äquivalent des Phallus.

Wir sind nun schon besser gerüstet, um den Begriff der ›Frustration‹ zu erläutern, die heute bekanntlich dermaßen hochgeschätzt wird, dass man sie zum Ursprung aller neurotischen Symptome macht.

Sie wird nicht durch die Nicht-Befriedigung eines Bedürfnisses erzeugt, sondern durch die Verweigerung einer Gabe. Wie sonst wäre zu verstehen, dass das verdrängte Begehren unzerstörbar sei? Tatsächlich müsste, wenn man von der animalischen Ökonomie her urteilt, das unbefriedigte Begehren sich verändern oder nachlassen, es sei denn, das Individuum ginge zugrunde; offenkundig besteht zwischen der ›frustration‹ und der Insistenz des unbewussten Begehrens kein Zusammenhang. Erinnern wir daran, dass für Freud die ›frustration‹ immer nur *Versagung** ist, das heißt Versprechen und Bruch eines Versprechens.

Mehr noch, die Befriedigung selbst erhält ihren vollen Sinn erst durch den Bezug auf das symbolische Paar Anwesenheit-Abwesenheit. Dies wird, wiederholen wir es, durch das von Freud analysierte Fort-Da*-Spiel ans Licht gebracht, welches für uns von entscheidender Tragweite ist: Es zeigt uns nämlich, dass die symbolische Ordnung von Anfang an funktioniert; es macht uns anschaulich, wie sich jede Beziehung zur Anwesenheit auf einem Grund von Abwesenheit vollzieht. Fügen wir hinzu, dass in der kindlichen Befriedigung die Enttäuschung immer schon da ist. Das Kind *vernichtet* buchstäblich auf der Brust, die es scheinbar erfüllt, die grundlegende Ungestilltheit seiner Beziehung zur Mutter (das ist auch der Grund, weshalb sich in dem sich anschließenden Schlaf das Fortdauern eines Begehrens manifestieren wird, das nicht auf das Reale reduzierbar ist).

Es sei daran erinnert, dass die Mutter, Stütze der ersten Liebesbeziehung, im wesentlichen Anrufungsobjekt ist. Ihre Gaben sind Liebeszeichen, dazu bestimmt, aus nichts zu bestehen. Aus diesem Grund findet jede Versagung von Liebe in der Befriedigung des Bedürfnisses nur ihr Alibi. Die Brust als reales Objekt wird Teil des symbolischen Objekts. Davon ausgehend ließe sich der Mechanismus der Einverleibung erhellen. Das einverleibte Objekt wird nicht einverleibt, insofern es selbst die Gabe ist, sondern insofern es das Substitut der Gabe ist. Umgekehrt führt sich die Mutter mit deren Verweigerung als Allmacht ins Reale ein.

Man wird daher in der Phänomenologie der Perversionen nichts begreifen können, wenn man diese nicht auf den Phallus bezieht sowie auf die Frage, die er stellt: Wie kann man der allmächtigen Mutter das geben, was ihr fehlt und woran es auch dem Kind fehlt? In der Spiegel-Erfahrung

entdeckt das Subjekt eine Totalität, auf die bezogen ihm etwas fehlt. In der ursprünglichen Beziehung zur Mutter erfährt es, was dieser fehlt: der Phallus. Um die Liebe der Mutter zu behalten, erschleicht sich das Kind durch die Spalte ihres Begehrens ihre Allmacht. Das Kind lässt sich also, um dieses unmöglich zu erfüllende Begehren zu befriedigen, in eine ganz besondere Dialektik des Trugs[30] ein, beispielsweise in Verführungshandlungen, die allesamt um den anwesend-abwesenden Phallus herum angeordnet sind.
Dieser eigentümlichen Anwesenheit-Abwesenheit wegen lässt sich der Phallus weder auf seinen Schauwert reduzieren noch durch eine natürliche Genese ableiten. Der menschliche Exhibitionismus ist nicht der des Rotkehlchens; er ist eine Hose, die sich öffnet und wieder schließt. Im Fetischismus, der Perversion der Perversionen, glaubt man endlich, den Phallus entdeckt zu haben; nun, was findet man? Eine abgelegte Kutte, einen abgetragenen Schuh, einen Kleiderfetzen, woran der Blick innehalten muss. In den Perversionen scheint sich endlos eine Art von Wiesel-Spiel fortzusetzen: Der Phallus ist niemals ganz und gar anwesend, da, wo er ist, noch ganz und gar abwesend, da, wo er nicht ist. In diesem Sinn kann man in ihm das Vorbild der Signifikanten sehen.

IV
SEMINARSITZUNGEN VOM 6., 13., 20. UND 27. MÄRZ UND VOM 3. UND 10. APRIL 1957

Wir haben das Kind, verwickelt in eine Beziehung des *Trugs* mit seiner Mutter, zurückgelassen. Mit dem Ödipus treten wir in eine andere Ordnung ein, eine symbolische Ordnung, eine gesetzliche, die endgültig dem Phallus seinen Vorrang sichert. Machen wir uns klar, dass es für uns nicht darum geht, eine Abfolge von Entwicklungsstadien nachzuzeichnen, sondern festzustellen, wie die bereits eingeleiteten Positionen rückwirkend umgearbeitet werden.

Die normativierende Funktion des Ödipus ist bekannt; er soll nicht nur zur Wahl eines Objekts führen, sondern zu einer heterosexuellen Objektwahl. Durch den Ödipus nimmt das Kind den Phallus als Signifikanten auf, was eine Konfrontation mit der Funktion des Vaters voraussetzt. Diese Funktion ist allerdings höchst problematisch.

Für das Mädchen ist der zurückzulegende Weg relativ einfach. Es geht vom Fehlen des Phallus der Mutter aus, um beim Kind als Substitut des Phallus anzukommen. Jenseits des Kindes findet es den realen Penis dort, wo er ist, beim Vater, der das Kind zu geben vermag. Indem es auf der Ebene der Zugehörigkeit darauf verzichtet, erhält es ihn als Gabe des Vaters. In seiner Singularität kann der Ödipus gewiss alle möglichen Arten von Komplikationen mit sich bringen, aber als Weg zur Integration der typischen heterosexuellen Position ist er nicht problematisch: Hier ist das Objekt der Befriedigung Objekt der Liebe.

Für den Jungen ist es ganz anders: Der Ödipus soll ihm die Identifizierung mit seinem eigenen Geschlecht erlauben. Er ist Zugang zur väterlichen Position. (Was wir von der Person Freuds wissen, versichert uns, dass für ihn selber die Frage: Was ist ein Vater? zentral war.) Das, was der Junge als Zugehörigkeit hat, muss er von jemand anderem haben: dies haben wir die *symbolische Schuld* genannt, die die Kastration ins Herz der Krise einschreibt, in der sich der Ödipus formiert. Wir sehen den Jungen zunächst über eine quasi-brüderliche Rivalität mit dem Vater in den Ödipuskomplex eintreten; er zeigt eine Aggressivität, die mit derjenigen vergleichbar ist, die sich in der Spiegel-Beziehung manifestiert (entweder ich oder der andere); der Vater aber erscheint in diesem Spiel als derjenige, der den Haupttrumpf hat und der dies weiß, kurz, als symbolischer Vater, der von dem imaginären Vater unterschieden werden muss (häufig, das ist wohlbekannt, erstaunlich weit entfernt von dem realen Vater), auf den sich die ganze Dialektik der Aggressivität und der Identifizierung bezieht.

In aller Strenge muss der symbolische Vater als »transzendent«, als eine irreduzible Gegebenheit des Signifikanten begriffen werden. Der symbolische Vater – derjenige, der im äußersten Fall fähig ist, diese Worte auszusprechen: ich bin der ich bin – vermag sich im realen Vater nur unzulänglich zu verkörpern. Er ist nirgendwo. In diesem Sinne muss *Totem und Tabu* gelesen werden, als ein Mythos, der den wahren Vater verewigt, ihn gewissermaßen vor der Geschichte platziert. Der reale Vater schließt an den symbolischen Vater an; aus diesem Grunde hat er eine entscheidende Funktion in der Kastration inne, die immer zutiefst von seiner Intervention geprägt oder durch seine Abwesenheit aus dem Gleichgewicht gebracht ist.

Im *Kleinen Hans*[31] bekommen wir diesen die Krise der Kastration durchlaufenden Übergang von der imaginären Dialektik – in den So-tun-als-ob-Spielen mit der Mutter – zur symbolischen Ordnung in seiner Wirklichkeit zu fassen. Bevor wir die Krankengeschichte wieder aufnehmen, müssen wir an die zentrale Position der Kastration bei Freud erinnern – indes, zur Zeit des *Kleinen Hans* ist sie für ihn erst ein Schlüssel unter anderen. Sie stellt die wesentliche Krise dar, durch die das Subjekt seinen Ort im Ödipus findet: damit das Subjekt zur genitalen Reife gelangt, muss es kastriert worden sein.

Die Kastration kann sich auf die *Privation* stützen, nämlich darauf, dass die Abwesenheit des Penis bei der Frau im Realen erfasst wird – was bereits eine Symbolisierung des Objekts voraussetzt, denn das Reale ist voll, ihm »mangelt« es an nichts –; sie ist aber in keinem Fall darauf reduzierbar. Die Kastration ist, sofern man sie in der Entstehung einer Neurose vorfindet, niemals real, sondern symbolisch und bezieht sich auf ein imaginäres Objekt. Es bleibt uns noch zu begreifen, aufgrund welcher Notwendigkeit sie sich in die typische Entwicklung des Subjekts einmischt.

*

Nehmen wir den Fall des Kleinen Hans. Offenkundig hegt er keinerlei Befürchtungen, sein Vater könne ihm etwas derartig schlimmes antun wie die Kastration. Er macht alles andere als einen frustrierten Ausdruck, ist er doch das Objekt der vollen Aufmerksamkeit seines Vaters und der zärtlichsten Sorge seiner Mutter. Unter diesen allerbesten Bedingungen taucht die Phobie auf. Wie das?

Hans befindet sich zunächst mit seiner Mutter in dieser trügerischen Beziehung, deren Struktur wir bereits skizziert haben. Vor Beginn der Phobie phantasiert er den Phallus, fragt seine Mutter nach dem Vorhandensein des Phallus bei ihr, beim Vater und den Tieren aus. Seine Äußerungen lassen erkennen, dass die Mutter einen Phallus haben muss (was nicht heißt, dass für ihn der Phallus real wäre). Der Phallus ist wirklich als Objekt der Dreh- und Angelpunkt für die Organisation seiner Welt.

Das Kind, wir haben es hervorgehoben, empfindet den Phallus als den Mittelpunkt des Begehrens der Mutter, und es situiert sich in unterschiedlichen Positionen, wodurch es veranlasst wird, dieses Begehren zu ködern: Es kann sich mit der Mutter identifizieren, es kann sich mit dem Phallus identifizieren, es kann sich mit der Mutter als Trägerin des Phallus identifizieren oder sich selbst als Träger des Phallus präsentieren. Es bestätigt seiner Mutter, dass es sie erfüllen kann, nicht nur als Kind, sondern hinsichtlich dessen, was ihr fehlt: es wird, als Ganzheit, die Metonymie des Phallus sein. Um einen solchen Trug herum artikuliert sich die Beziehung des Fetischisten zu seinem Objekt.

Halten wir fest, dass selbst auf dieser Ebene die imaginäre Beziehung zur Mutter keine duale Beziehung ist. Der Exhibitionismus zum Beispiel ist nicht eine bloße Parade, sondern Begehren, das, was man hat, demjenigen zu zeigen, der es nicht hat, und ihn in Beschämung zu stürzen. Ebenso ist die menschliche Skopophilie nicht die reziproke visuelle Konfrontation des Tierreichs: Es geht nicht so sehr darum, zu sehen, als vielmehr das, was zugleich da und nicht da ist, auszuspähen und auf diese Weise den Trug aufrechtzuerhalten.

Was also macht der von Hans so gepflegten Beziehung ein Ende? Es gibt kein kritisches Ereignis, das das Auftauchen der Phobie begründen könnte. Die Geburt einer kleinen Schwester, wenn sie rückwirkend auch eine Rolle spielt, löst nichts aus: Die Phobie bricht erst fünfzehn Monate danach aus. Hans weiß dem sehr wohl zu begegnen; zu jener Zeit entwickelt er die Begriffe von groß und klein, des Wachstums und des Hervorkommens. Immerhin bereitet das Eindringen der Schwester die Frage vor (welche Funktion hat das Kind im Verhältnis zum Phallus, dem Objekt des Begehrens der Mutter?) und trägt ihm ein reales Echo zu: Er ist nie allein mit seiner Mutter, die in ihm etwas anderes liebt als ihn selbst.

Die Anfänge der Masturbation – dem eine Drohung der Mutter folgt – lösen ebenfalls nichts aus; zumindest nicht direkt. Was sich geändert hat, wahrscheinlich durch die Erfahrung des Anschwellens oder eines ersten orgasmischen Empfindens, ist, dass der Penis real geworden ist. Da taucht die Angst auf.

Bis dahin hatte die Welt harmonisch funktioniert, mit ihrem Grundanteil an Mangel, der sie sogar für die Mutter so aufregend gemacht hatte. Das Kind war ganz und gar in dieses Spiel eingebunden, in welchem man für die Mutter alles das ist, was die Mutter will. Indem er versucht, in das hineinzuschlüpfen, was er für die Liebe der Mutter darstellt, lernt er potentiell ein aus Trug gefügtes Paradies kennen. Doch hier nun tritt sein realer Penis in Erscheinung; er wird daraufhin durch sein eigenes Spiel düpiert. Die Angst entsteht aus der Nichtübereinstimmung zwischen dem Bild, das er sich selbst vorspielte, und der ihm dürftig erscheinenden Realität dessen, was er anzubieten hat. Sie taucht bei Hans auf, als er den vollen Unterschied ermessen kann, der zwischen dem, wofür er geliebt wird, und seinem Penis besteht.

Welcher Ausweg bleibt dem Subjekt in einer solchen Situation? Zum passiven Element eines Spieles zu werden, in dem er sich darauf reduzierte, nur noch der Gefangene, die Beute der Bedeutungen des anderen zu sein? Das ist der Ausweg des zukünftigen Paranoikers. In Wirklichkeit kann einzig der Kastrationskomplex eine positive Lösung herbeiführen. Mit seinen Verboten stiftet der Vater eine Ordnung, lässt er ein Gesetz herrschen, das später, nach dem Untergang des Ödipus, ins Reale übergehen wird (mit dem Über-Ich, in dem sich in einer zumeist grimassierenden Gestalt der Signifikant ins Es* einschreibt). In der Obhut dieser Ordnung wird das Kind die Entwicklung der Ereignisse abwarten können.

Aber bei Hans entsteht an diesem Punkt der Begegnung des realen Triebs mit dem imaginären Trugspiel rund um den Phallus nichts dergleichen, sondern Angst und danach Phobie. Halten wir diese beiden Momente auseinander. Die Pferde – Objekt der Phobie – gehen aus der Angst hervor, aber das, was sie tragen, ist die Furcht: Sie können beißen, sie können fallen. Die Furcht, in der man alles andere als ein ursprüngliches Element sehen muss, hat ihren Platz stets vor dem Punkt der Angst.

Wir können jetzt schematisch aufzeigen, wie sich Hansens Phobie entwickelt.

Angesichts des Mangels der Mutter vernichtet das Kind, wie bereits gesagt, seine Enttäuschung in der Befriedigung des Stillens an der Brust. Hier, wo es sich selbst als Ungenügen erfasst, entwickelt es seine Phobie, in der zunächst die Furcht, verschlungen, das heißt, zu einer der Mutter ausgelieferten Beute zu werden, vorherrscht. Diese Furcht bringt als Schutz allerlei Arten romanhafter Imaginationen hervor, eine ganze Reihe von Liebesformen, die er mit kleinen Mädchen auszuprobieren sucht. Wir sind Zeugen einer regelrechten imaginären Orgie, die die Funktion hat, das Trugspiel mit der Mutter zu verlängern. In diesem Sinne ist es erlaubt, diese erste Phase als eine Regression anzusehen. Dann schreitet der reale Vater ein, der, nachdem er Hans erklärt hat, dass seine Phobie eine *Dummheit* sei (eine Intervention, die sich gegen das Schuldgefühl richten soll, in Wirklichkeit die Angst verstärkt), ihm grob verkündet, dass die Frauen keinen Phallus haben. Realer Vater, der in diesem Fall durch einen symbolischen Vater verdoppelt ist, repräsentiert durch den *Herrn Professor*, durch Freud.

Auf diese Interventionen antwortet Hans mit Phantasien und einem neuerlichen Aufbruch ins Imaginäre, das heißt mit einer Reihe von Mythen, dazu bestimmt, das Imaginäre zu reorganisieren und Hans zu helfen, den Übergang zum Ödipus zu vollziehen.

Die Heilung schließlich tritt in dem Moment ein, als sich in Form einer sehr gegliederten Geschichte die Kastration als solche ausdrückt (die Phantasie vom *Installateur*). Alles geschieht so, als ob das Auftreten der Kastration der Phobie ein Ende setze und zugleich zeige, wofür die Phobie Ersatz ist.

*

Demnach bestünde das Problem von Hans darin, von einer phallischen Auffassung der Beziehung zur Mutter zu einer Auffassung des Elternpaares als kastriert überzugehen. Dies wäre ein Fortschritt des Imaginären hin zum Symbolischen, eine Organisation des Imaginären als Mythos, der Hans diesen Übergang erlauben würde. Die Phobie führt zunächst eine Struktur, eine neue Ordnung des Inneren und des Äußeren (bis dahin war er gewissermaßen im Inneren seiner Mutter), in seine Welt ein. Die Intervention des realen Penis verlangt ihm eine tiefgehende Veränderung im Modus seiner Beziehung zur Welt ab: Er muss nun damit fertig werden, dass es Subjekte gibt, die des Phallus beraubt *(privés)* sind, – was nicht leicht ist, wie man am Widerstand mancher männlicher Subjekte ersehen kann, die das niemals zugeben. In seiner Phobie können wir den Übergang vom intersubjektiven Spiel rund um den Phallus zur Kastration in voller Offensichtlichkeit erkennen: Ein Übergang vom Imaginären zum Symbolischen, der in der Phantasie von *den beiden Giraffen* in Kurzform zu lesen ist (das Bild wird hier in eine Papierkugel verwandelt, die man zerknüllt, in ein reines Symbol), und dessen Umwege sich in Hansens Hirngespinsten artikulieren, einem Gewimmel von phantasievollen Themen, in denen man kleine Mythen erkennen kann.

Die Deutung dieser Mythen wird noch dadurch erschwert, dass sie sich nicht von den mehr oder weniger glücklichen Interventionen des Vaters trennen lassen: Es ist aber klar, dass sie in die ihnen eigene Richtung gehen und jeder Suggestion widerstehen. Das Handeln des Vaters verleiht der Phobie unbezweifelbar ein Moment von Beschleunigung und Überproduktivität; man muss es dennoch in die Erklärung miteinbeziehen. Zudem haben manche von Hansens Hervorbringungen ein spielerisches, ja parodistisches Moment. Nur in diesem Spiel scheint eine flüchtige Konfiguration auf, die zu erfassen möglich ist. Doch zuerst gilt es zu verstehen, dass die Ausarbeitung der Phantasien nicht simples Wiederkäuen, sondern Symbolisierung in einer bestimmten Anzahl von Durchläufen ist.

Bevor wir Hans in sein Labyrinth folgen, müssen wir, wenn wir uns darin nicht verirren wollen, eine Methode definieren.

Man wird von Hansens Mythen überhaupt nichts verstehen, wenn man ihnen nicht eine strukturale Notwendigkeit zuerkennt. Monsieur Lévi-Strauss hat in einem kürzlich erschienenen Artikel[32] gezeigt, dass man es bei den Mythen und bei den Varianten jedes Mythos mit der Wiederkehr derselben Elemente oder derselben Gruppe von Elementen, wenn auch transformiert, zu tun hat. Solange man zwischen einem im Mythos vorkommenden Element und einer gegebenen Bedeutung eine Entsprechung herzustellen sucht, wird jedes erschöpfende Bemühen, ihren Sinn zu enthüllen, vergeblich sein. Jedes Element lässt sich nur in seiner Beziehung zu einer gewissen Anzahl anderer Elemente begreifen, wie sich feststellen lässt, sobald man die konstitutiven Einheiten des Mythos zugleich horizontal und vertikal ordnet und sie wie eine Partitur liest. Mit Sicherheit nirgendwo anders als im Mythos ist die Wirkung des Signifikanten besser spürbar, der eine ganze Ordnung von Bedeutungen trägt. Beim Kleinen Hans ist es klar, dass das Pferd, der Wagen nacheinander mehrere Dinge darstellen. Das Pferd beispielsweise steht manchmal für den Vater, besonders in dem Moment, in dem das Kind, ohne Zweifel gebührend indoktriniert, den ödipalen Mythos auftauchen lässt; manchmal bedeutet das Pferd das Versagen des Vaters, wenn Hans von ihm erwartet, dass er wütend wird, weil Hans dessen Platz im mütterlichen Bett einnimmt (aber der Vater wird nicht wütend und ist, wie er selbst hervorhebt, niemals böse). Das Pferd symbolisiert auch die Mutter, und wenn es an den *beladenen* Wagen[33] angeschirrt ist, ist es das Problem der Schwangerschaft, der Lage der Kinder im Bauch der Mutter, und nimmt dann eine ganz andere Funktion ein.

Der Hof, der dem Haus von Hans gegenüberliegt, bringt ebenfalls eine Reihe von signifikanten Elementen mit sich, mit denen Hans seine ganze erste mythische Konstruktion entwickeln wird, die, wie Freud uns mitteilt, »im Zeichen des Verkehres« steht: ein Pferd, ein Wagen, Hans, der Lust hat aufzusteigen und der Angst hat, dass der Wagen losfährt, bevor er auf die Laderampe gelangt ist. Die Giraffenphantasie, alles, was Hans über die beiden Hosen sagt, lässt sich gleichermaßen nur als Verhältnisse von Signifikanten verstehen.

Wir beziehen uns fürs erste auf diese verschiedenen Momente der Analyse von Hans nur, um einmal mehr die Notwendigkeit deutlich zu machen, den Signifikanten radikal vom Signifikat zu unterscheiden: Der symptomatische Signifikant deckt die mannigfaltigsten Signifikate ab.

Man sieht bei Hans nicht eine gewisse Anzahl von Themen auftauchen, die mehr oder weniger ihr affektives Äquivalent hätten, sondern Gruppierungen signifikanter Elemente, die sich durch Permutation von einem System in ein anderes transponieren lassen. Es ist verblüffend zu sehen, wie der Vater in seinen Bemühungen, ein Symbol diesem oder jenem imaginären oder realen Element entsprechen zu lassen, jedes Mal scheitert.

Wir werden gewiss noch einen weiteren Schritt tun und sehen können, wie sich das Spiel des Signifikanten des Subjekts bemächtigt und es bis weit jenseits dessen mitnimmt, was es davon zu intellektualisieren vermag. Liest man einfach nur die Krankengeschichte, hat man tatsächlich beständig das Gefühl, dass Hans rückwärts in die Neurose eintritt. Diese Bemerkungen zur Struktur der Mythen bei Hans lassen noch nicht die *raison d'être* dieses Rekurses auf die Mythen verstehen. Hans sieht sich, wir haben es hervorgehoben, einer neuen Situation konfrontiert. Er muss sich der Erfassung symbolischer Verhältnisse gewachsen zeigen, die für ihn noch nicht konstituiert sind. Es ist letztlich das Paradox der Einführung des Signifikanten, der Sinnschöpfung, auf das er in der Problematik der väterlichen Funktion stößt. Konfrontation, die, unterstreichen wir es von neuem, ein Wieder-in-Frage-Stellen seiner Beziehung zur Mutter impliziert – eine Beziehung, die um die Frage: Was begehrt die Mutter, wenn sie etwas anderes als mich, das Kind,

begehrt?, zentriert und gemäß einer mehr oder weniger befriedigenden Dialektik des Truges organisiert ist.
Worin also kann, über den Umweg über die Mythen, der Fortschritt von Hans bestehen? Die Elemente der ihn umgebenden Realität sind zu keinem Zeitpunkt außerhalb seiner Reichweite. Ebenso wenig gibt es Regression bei ihm: Vom Anfang bis zum Ende der Krankengeschichte besteht er auf seinem Recht zu masturbieren. Allein die innerhalb seiner mythischen Strukturierung vollzogenen Permutationen werden es ihm erlauben, über seine Phobie hinwegzukommen: Permutationen des Signifikanten und nicht Umstürzung der Realität. Es handelt sich insgesamt um eine kreisende Bewegung, eine Rotation signifikanter Elemente.
Halten wir fest, dass der reale Penis, wenn er sich am Ende in einer neuen Strukturierung untergebracht findet, dies in einer vollständigeren Weise sein könnte. Man beziehe sich auf die Nachschrift (1922) der Krankengeschichte: Hans ist neunzehn Jahre alt und hat, berichtet Freud, alles von seiner Krankheit vergessen. Es hat keine Reintegration der Geschichte unter Aufrechterhaltung der erlangten Elemente durch das Subjekt stattgefunden. Es scheint, darauf weist Freud[34] hin, dass alles sich so wie in den Träumen abgespielt habe, an der Grenze des Imaginären und des Symbolischen. Alles ist vergessen, doch eine Verletzung bleibt: seine Schwester, idealisiertes Äquivalent des Phallus.

Wiedergabe durch J.-B. PONTALIS,
mit Zustimmung von J. LACAN

V
SEMINARSITZUNGEN VOM 8., 15. UND 22. MAI, VOM 5., 19. UND 26. JUNI UND VOM 3. JULI 1957

In der überquellenden Mythenbildung des Kleinen Hans haben wir gesehen, wie verschiedene signifikante Elemente nahezu jedes beliebige Signifikat abdeckten, und wie die drehende Bewegung des Signifikanten eine Umarbeitung am Signifikat vollzog. Hansens Mythen sind keine inkonsistenten Träume, sie haben eine dynamische Funktion: Der Signifikant dient einer ganzen Reihe von Übertragungen als Stütze; seine Permutationen müssen nach einer Krise zu einer Neuorganisation des Signifikats führen.

Diese Operation ist im *Kleinen Hans* besonders gut zu beobachten: Es handelt sich hierbei um eine Krankengeschichte, die nah an das Wunder der Ursprünge reicht – ein gerade erst entdecktes Feld – und die in ihrer Frische ihre ganze enthüllende, beinahe explosive Stärke bewahrt.

Vielleicht könnten wir die von Hansens Vater und von Freud vorgenommene Untersuchung fortführen und nach den Gravitationsgesetzen des Signifikanten suchen. Die Phobie hat ein »Objekt«, das Pferd. Das ist mehr als eine vorherrschende Figur, es ist eine Wappenfigur, schwer von signifikanten Implikationen. Aber warum das Pferd? Man darf die Antwort nicht, wie Jones es in *On the nightmare*[35] gemacht hat, beim Signifikat suchen. Gewiss kann das Pferd als Bild ein Sammelbecken sein, geeignet für die verschiedenartigsten Symbolisierungen natürlicher Dinge, mit denen das Kind in erster Linie beschäftigt ist. Aber das Wesentliche liegt anderswo: nämlich darin, dass ein bestimmter Signifikant hier eine konstituierende Rolle spielt (selbst wenn dies auf eine pathologische Weise geschieht).

Um die Funktion des Pferdes zu verstehen, werden wir also nicht sein Äquivalent suchen, welches variiert: der Vater, die Mutter, Hans selber etc. ...; wir werden zu erkennen versuchen, wie es sich als Signifikant auf die Situation von Hans auswirkt.

Erinnern wir zunächst die Anordnung der Ereignisse: das Trugspiel mit der Mutter; die Einführung des realen Penis, gefolgt von einer entwertenden Intervention der Mutter (»das ist eine Schweinerei«), die nach einer Weile zu wirken beginnt; die Geburt von Hanna. Das Pferd tritt kurz nach Erscheinen des diffusen Angstsignals in Funktion. Dann entwickelt sich die Phobie, wie Freud bemerkt, unter dem Zeichen der Verkehrsmittel; sie führt von der Pferdebahn zur Eisenbahn; die Berührung zwischen beiden wird klar angezeigt, sobald Hans sich zu seiner Phobie äußert.

Hans – wir erinnern uns daran – fürchtet, dass der beladene Wagen losfährt, bevor er die Entladerampe erreicht hat. – Hast Du Angst, dass Du nicht wiederkommst?, fragt man ihn. – Nein, überhaupt nicht, er weiß, dass er [der Wagen] an seinen Ausgangspunkt zurückkommen wird. Die Phantasie der phobischen Furcht besteht in diesem Gesamtzusammenhang: Hans wird mit den Pferden abfahren, die Entladerampe wird in die Ferne rücken und er, Hans, wird – und das wird zu sehr begehrt oder zu sehr gefürchtet – mit der Mutter zurückkommen.

Bringen wir diese Phantasie mit zwei weiteren zusammen.

1. Er befindet sich mit seinem Vater im Zug, sie werden gleich in Gmunden ankommen, wo sie ihre Ferien verbringen, sie suchen im Abteil ihr Gepäck zusammen, aber haben nicht die Zeit, um sich wieder anzukleiden, der Zug ist abgefahren.

2. Die Bahnsteig-Szene: Hans fährt mit seiner Großmutter, einer furchterregenden Person, von Lainz ab, der Vater versäumt den Zug. Dann, ohne dass man verstehen könnte, wie, fährt Hans erneut mit dem Vater ab.

Mit diesen Phantasien halten wir den Leitfaden der Krankengeschichte in der Hand. Erinnern wir uns ihrer beiden Pole: Zu Beginn erlebt Hans das Drama der Beziehung mit der Mutter (von dem Augenblick an, in dem die Regeln des Trugspieles nicht mehr respektiert werden, weiß er buchstäblich nicht mehr, wo er seinen Ort hat); am Ende behauptet er seinen Platz an der Seite des Vaters. Wir lesen in diesen Phantasien das unerbittliche, der Mutter geltende Hin und Zurück; und eines schönen Tages dann der Traum, mit dem Vater wegzufahren. (Vgl. die beiden Phantasien vom 30. März: Hans und sein Vater zusammen 1. kriechen unter einem Seil durch, das den Zutritt zu einer Wiese verbietet, 2. zerschlagen ein Fenster im Zug). Allein, Hans, der zuvor schon mit der Großmutter abgefahren ist, kann nicht erneut mit ihm abfahren. Das ist nur im Imaginären möglich. Von einer Sackgasse gelangt Hans in eine andere Sackgasse: unmöglich, von dieser Mutter wegzugehen, man kommt immer zu ihr zurück; unmöglich, mit dem Vater wegzufahren.

Mit wem ist man zusammengespannt? Dies ist eines der ersten Elemente der Wahl des Signifikanten Pferd. Hans artikuliert es selber – als er seinem Vater erklärt, wie er glaubt, *die Dummheit bekommen* zu haben –, dass das Pferd ein Teil ist, dafür gemacht, angespannt zu werden. Und Freud zeigt über die Assoziation von *Wägen* (Plural von Wagen) und *wegen* (aufgrund von), dass die Phobie von dem Pferd kommt, wie das Pferd den Wagen zieht. Weil das Gewicht von *wegen* metonymisch auf das übertragen wird, was gleich (da)nach (Pferd) kommt, wird das Pferd in ihm alle Hoffnungen auf eine Lösung übernehmen; bevor es Pferd ist, ist es etwas, das verbindet, das koordiniert: seine Vermittlungsfunktion ist vorrangig.

In dem Sprachbad, in das er eingetaucht ist, findet Hans die ursprüngliche Metonymie, die den ersten Terminus liefert, dieses Pferd, um das herum sich sein ganzes System rekonstituieren wird.

*

Worum geht es in der Geschichte des kleinen Hans? Um den Ödipus, der eine für die Konstitution einer vollendeten Welt notwendige Dimension liefert, die symbolische Funktion. Das Bild der Mutter erscheint beraubt/dem Zugriff entzogen *(privée)*[36], und diese Privation ist unerträglich; das Kind weiß nicht, wie es sie ausfüllen soll, der Vater muss etwas dazutun. Aus diesem Grund sagt Hans zu seinem Vater: Du musst ein Vater sein, Du musst mir böse sein. Für ihn geht es darum, vom (mütterlichen) kleinen Kreislauf zum großen Kreislauf überzuwechseln; und die Identifizierung mit dem Vater soll den Übergang ermöglichen.

Man weiß, dass Hans eine glückliche Lösung seiner Krise erreicht; er ist zur Heterosexualität bestimmt. Ohne dass jedoch für das weibliche Objekt eine vollständige Konsistenz gewährleistet wäre. Warum?

Das, was Hans zunächst befürchtet, ist nicht, von seiner Mutter getrennt zu werden, sondern vielmehr von ihr Gott weiß wohin mitgenommen zu werden, da er mit ihr verbunden bleibt. Im Auseinanderklaffen seiner Situation markiert das phobische Objekt einen Anhaltspunkt, bildet es im Zentrum seiner Angst ein ersetzendes Element. Die Angst ist nicht die Furcht vor einem Objekt, sondern die Konfrontation des Subjekts mit einer Abwesenheit des Objekts, mit einem Mangel an Sein, worin es geschnappt wird, worin es sich verliert und dem alles vorzuziehen ist, am Ende sogar, das merkwürdigste aller Objekte zu schmieden, das einer Phobie.

Am 30. März interveniert Freud und liefert Hans den Ödipus als einen Ursprungsmythos (»Lange bevor er auf die Welt kam, wusste ich, dass eines Tages ein kleiner Hans geboren würde, der seine Mutter so sehr lieben würde« etc. ...). Hans realisiert, dass sein Vater nicht das ist, was der Mythos es sagt. Wenn er einen Vater hätte, vor dem er wirklich Furcht haben könnte, dann könnte er seinen Ödipus machen. Das ist nicht der Fall. Die Angst rund um den ausgehöhlten Platz herum, den der Vater repräsentiert, ist genau diejenige, die ihre Stütze in der Phobie suchen wird. Das Pferd macht auf verschiedene Weisen Angst. Es *setzt sich in Gang*: Angst, in die Bewegung mitgerissen zu werden, und ihr Gegenstück: Angst, fallengelassen zu werden. Es *beißt*: Angst, die mit dem Auftauchen dessen verbunden ist, was jedesmal geschieht, wenn die Liebe der Mutter zu fehlen beginnt; die Mutter wird sich befriedigen wie Hans, wenn sie ihn nicht befriedigt, indem sie sich gierig auf ihn stürzt, indem sie beißt. Es *fällt*: Infragestellung von allem, was in jenem Moment die Grundpfeiler seiner Welt bildet. Das Schema der Bewegung wird in ein Ersetzungsschema umgewandelt (Phantasie vom 11. April: Hans ist in der Badewanne – so, wie er im Wagen oder im Haus ist; da kommt plötzlich der erwartete Dritte herein, der die Badewanne abschraubt. Zuvor musste ein abnehmbares Element eingeführt werden, das von den Hosen der Mutter repräsentiert wird, die abstoßend sind, jedoch nicht mehr, wenn die Mutter sie trägt und so den Trug des Phallus weiterhin aufrechterhält. Bemerken wir nebenbei, dass Hans ein Fetischist hätte sein können und auf diese Hose, hinter der nichts ist, alles hätte malen können, was er gewollt hätte; allein, Hans ist kein Liebhaber der Natur, er ist ein Metaphysiker ... Er führt die Frage dorthin, wo sie sich stellt: was ist der Grund für diesen Mangel an Sein? Dort, wo die Bedeutung verloren ist, tauchen die Kiesel *(cailloux)*[37] des Signifikanten auf. Dies ist die wesentliche Funktion des Signifikanten: nicht die Bedeutung zu repräsentieren, sondern deren Klüfte auszufüllen.

Hansens Fortschritt besteht in einer symbolischen Restrukturierung. Es ist zum Beispiel frappierend zu sehen, wie Hans auf die Versuche des Vaters, den Phallus in die Realität einzuführen, antwortet, indem er zunächst das Trugspiel wieder in den Vordergrund rückt (»Da hab' ich die Mammi ganz nackt im Hemde gesehen«) und dann die imaginärsten

Elemente bis hin zur Symbolisierung des mütterlichen Phallus (»die kleine Giraffe«) reaktiviert.

*

Man versteht jetzt, wie die – hier sehr summarisch berichtete – Abfolge der Phantasien aufgefasst werden muss: als ein in der Entwicklung begriffener Mythos, als ein Diskurs. Man kann es sogar noch präziser sagen: als aufeinanderfolgende Artikulation aller Formen der Unmöglichkeit einer Lösung. Ist der Kreislauf einmal durchlaufen, so ist etwas realisiert worden: Das Subjekt hat sich auf die Ebene seiner Frage begeben.

Was ist der Kastrationskomplex? Der Vater ist derjenige, der rechtmäßig Besitzer der Mutter ist, mit einem ausreichenden Penis, während das Instrument des Kindes schlecht angepasst und unzureichend ist. Das ist der Anfang. Insofern sein eigener Penis vorübergehend verneint wird, kann das Kind zu einer vollen väterlichen Funktion gelangen, jemand sein, der sich legitimerweise im Besitz seiner Männlichkeit *(virilité)* fühlt. Das ist das Ergebnis.

Der Name des Vaters ist wesentlich für die Strukturierung der symbolischen Welt; durch ihn kommt das Kind aus seiner Verkoppelung mit der mütterlichen Allmacht heraus. Der Kastrationskomplex wird aber nur dann erlebt, wenn der reale Vater wirklich das Spiel spielt. Im Falle von Hans ist Freud, der den Platz des lieben Gottes einnimmt, sicherlich ein wesentliches Element in der Herstellung des Gleichgewichtes. Er kann aber den Ausfall des Vaters nicht ersetzen.

Aus diesem Grunde – obgleich Hans am Ende formuliert: Jetzt bin ich der Vater – gibt es bei ihm keine ganz und gar typische Realisierung des Ödipus. Wenn man die abschließende Phantasie (vom 2. Mai) von dem Installateur, der wie ein *deus ex machina* interveniert, um ihn zu kastrieren, *buchstäblich* nimmt, ohne sie durch die Deutung des Vaters zu vervollständigen, dann sieht man, dass das, was hinten ist, ersetzt wird, nicht das, was vorne ist.

Der kleine Hans hat seinen Penis nicht verlieren müssen. Seine Geschichte enthält keine Phase einer Symbolisierung des eigenen Penis. So kann man annehmen, dass Hans den Eindruck eines normalen Heterosexuellen machen, dass aber die Struktur seiner Beziehung zu Frauen narzisstisch bleiben wird, dass diese an die Erprobung seiner Macht gebunden bleiben werden wie die kleinen Schwestern-Mädchen als Phantasieobjekte in der infantilen Krise. Die Partnerin wird nicht ausgehend von der Mutter erzeugt werden, sondern ausgehend von den imaginären Kindern, die er der Mutter machen kann, welche selbst Erben dieses unverhohlenen und zugleich von ihr imaginierten Phallus (vgl. die *Lodi*-Phantasie), des Phallus als Dreh- und Angelpunkt der ursprünglichen Liebesbeziehung sind.

Am Ende der Krise, die die Phobie auflöst, sagt Hans, dass er sich wünscht, Kinder zu haben, aber in derselben Bewegung wendet er sich strikt dagegen, dass es noch weitere geben möge. Er wird imaginäre Kinder haben, die nach Maßgabe des mütterlichen Phallus strukturiert sind. Jedenfalls stellt diese Identifizierung mit dem imaginären Begehren der Mutter nur scheinbar eine Rückkehr zum ursprünglichen Versteckspiel dar. Es ist jetzt Hans selbst, der sich als Fetisch präsentiert und sich in eine passive Position begibt. Welches auch immer die Gesetzmäßigkeit des Objekts sei, sie erschöpft nicht die Rechtmäßigkeit der Position.

Letztendlich ist Hans mit dem mütterlichen Phallus identifiziert. Insofern er sich als Ideal der Mutter begreift, nämlich als Substitut des Phallus, richtet sich der kleine Hans in der Existenz ein.

*

In seinem zuletzt erreichten Gleichgewicht gelangt Hans zu einer Verdoppelung der Mutterfigur (Mutter, Großmutter); neben weiteren Motiven legt dies einen Vergleich mit dem Fall des Leonardo da Vinci nahe, so wie Freud ihn erhellt hat.[38] Wie erinnerlich findet Freud den Ausgangspunkt seiner Analyse in einer von Leonardo da Vinci berichteten Kindheitserinnerung. Es ist auch bekannt, dass ein ganzes Stück der Freudschen Ausarbeitung aufgegeben werden muss.[39] (Freud soll die auf deutsch zitierte Erinnerung in dem Werk von [Marie] Herzfeld gelesen haben; nun hat sie das Wort *nibbio* durch ›Geier‹ übersetzt; es bezeichnet aber einen *Milan*, ein Vogel, der Leonardo in seinen Untersuchungen über das Fliegen besonders anzieht. Das hat zur Folge, dass Freuds Bezugnahmen auf den Geier als Muttergottheit – die Mut der Ägypter – und die Fabel, wonach die Art nur aus Weibchen bestehen soll, die durch den Wind befruchtet werden,[40] nicht haltbar sind.)
Was bringt nach alledem Freuds Werk Wesentliches für die analytische Theorie? – Die Bedeutung der Funktion der phallischen Mutter, der phallischen Frau, nicht für das Subjekt dieser Funktion, sondern für das Kind, das von diesem Subjekt abhängt. Dass das Kind an eine Mutter gebunden ist, die selbst auf der imaginären Ebene an den Phallus als Mangel gebunden ist, das ist die Beziehung, die Freud einführt und die sich von allem unterscheidet, was er bis dahin über das Verhältnis der Frau zum Phallus schreiben konnte. Eben um das Thema des Kindes, das in seiner dualen Beziehung zur Frau isoliert ist und mit dem Problem des Phallus als Mangel konfrontiert wird, dreht sich die Freudsche Konstruktion über Leonardo da Vinci. Wenn wir festhalten, dass Freud hier das erste Mal den Terminus ›Narzissmus‹ erwähnt, erkennen wir, dass wir hier am Beginn der Strukturierung des Registers des Imaginären sind.
Es gibt einen weiteren Terminus, auf dem Freud insistiert: den Terminus *Sublimierung*. Mit seiner Leonardo-Deutung

können wir eine etwas strukturiertere Konzeption dieses Begriffes skizzieren als die eines »Triebes, der seine Triebhaftigkeit ablegt« *(»instinct qui se désinstinctualise«)*, wie man heutzutage elegant schreibt.

Wenn Leonardo, wie allwissend man ihn auch haben wollte und noch will, an der Schwelle der Galileischen Grundlagen gescheitert ist, so ist dies dem Umstand geschuldet, dass er es nicht wie sein Nachfolger vermochte, die symbolische Formalisierung von den angeblichen Gegebenheiten der wirklichen Erfahrung zu befreien. Diesem Tappen im Dunkeln scheint bei ihm eine Beharrlichkeit zu entsprechen, mit der er entgegen den traditionellen Fabeln zu beweisen sucht, dass unmöglich eine »Stimme in der Natur« vorkommen kann; dennoch macht er es sich zur Aufgabe, unter dem Namen ›Natur‹ von diesem stummen Subjekt die Wege in den »unendlichen Vernunftgründen« zu erraten, die er ihm zuschreibt.

Die Ambiguität dieser ins Imaginäre übertragenen Subjektivierung führt uns in den Sinn der Sublimierung ein; sie offenbart uns gleichzeitig ihr Gegenstück, exemplarisch im Falle Leonardos aufgrund ihrer außergewöhnlichen Bekundungen, nämlich jene Inversionsformen, in denen sich die entfremdeten Ursprünge des Ich entblößen: Spiegelschrift, die Seiten des *Atlanticus* bedeckend, in der zweiten Person formulierte Ermahnungen in den Notizbüchern.

Die Sublimierung wird in den Beziehungen des *Anderen* zum *anderen* aufgebaut. Sie wird hier durch das aus den vermischten Körpern von Anna und Maria zusammengesetzte Monstrum illustriert[41] (wobei vom Entwurf in London bis zum Gemälde im Louvre deren jeweilige Zugehörigkeiten vertauscht werden), durch jenes Jesus-Kind, das, im ersteren, auf merkwürdige Weise den Arm der Jungfrau verlängert, schließlich durch den erhobenen Finger der Heiligen Anna – ein Zeichen, das sich durch da Vincis Werk zieht und uns auf ganz besondere Weise zeigt, was man die verwirrende *Nullibiquität*[42] des Phallus als Schlüssel zur mütterlichen Beziehung nennen könnte.

Auch die Todes-Leidenschaft nimmt im Gemälde Gestalt an: im Platz, den der Heilige Johannes einnimmt – den Leonardo im Entwurf der Trinität der Mütter und des Jesus-Kindes hinzufügt –, und in der Gestalt des Lammes, auf dem das Kind reitet, in dem die Zeitgenossen ihn erkannt haben (wie ihre Diskussionen über ein verlorenes Gemälde bezeugen, auf dem er ebenfalls dargestellt war).

Es ist pikant, hierin genau das Bild wiederzufinden, in das der kleine Hans sich und seine kleine Schwester im Untergang seiner Phobie verwickelt. Dies führt uns zur Unterscheidung von Signifikant und Signifikat zurück. Denn wenn der Tod hier dargestellt ist, so tatsächlich durch das ganze Quartett hindurch, das er durchläuft; man kann seine Effekte ebenfalls bei Leonardo selber verfolgen, in der Abtötung seiner Sexualität – worauf Freud uns aufmerksam gemacht hat –, insofern seine Zuneigungen sich nämlich auf diese amourösen Vaterschaften reduziert haben, die man zum Zeichen seiner Inversion macht.

Was den Anderen betrifft – hier festgemacht an der *Anna Selbdritt*, die die Christenheit des ausgehenden fünfzehnten Jahrhunderts dem Maler als Thema anbot –, wenn Leonardo mit der Mona Lisa dessen Wesen der Weiblichkeit realisiert hat, so geschah dies auf dem Wege des Wunders, auf dem das Werk der Kunst uns die der Sublimierung eigene Bedingung des Vergessens verhüllt.

Wiedergabe durch J.-B. PONTALIS,
mit Zustimmung von Dr. LACAN

ANMERKUNGEN

1 Wiedergabe des Seminars von Dr. J. Lacan, das im Rahmen der Lehrveranstaltungen der *Société française de psychanalyse* in Sainte-Anne gehalten wurde. [Dieses Seminar ist inzwischen auch in der von Jacques-Alain und Judith Miller edierten Ausgabe des Champ Freudien erschienen: Jacques Lacan, *Le Séminaire, Livre IV: La relation d'objet*, texte établi par Jacques-Alain Miller, Seuil, Paris, 1994; A. d. Ü.]

2 Beispielsweise in dem Gemeinschaftswerk: *La Psychanalyse d'aujourd'hui* [Die Psychoanalyse von heute], PUF, Paris, 1956

3 Die französische Übersetzung lautet: ›La Découverte de l'objet‹, Die Entdeckung des Objekts. In Freuds Überschrift ›Die Objektfindung‹ (Teil III, Die Umgestaltungen der Pubertät, Abschnitt 4) ist bereits von ›finden‹ die Rede, worauf Lacan zu Recht an dieser Stelle in einem Zusatz hinweist: »um die Kontingenz besser herauszustellen, könnte man auch von dem Fund *(la trouvaille)* sprechen«. (A. d. Ü.)

4 *achevé* und *achevant*: vollendet und vollendend, bzw. fertig, vollkommen, abgeschlossen; *achever* hat im Französischen zudem die Bedeutungen: zu Ende gehen (etwa: austrinken, aufessen, etc.), abspeisen, enden, zugrunde richten, den Gnadenstoß geben. (A. d. Ü.)

5 Frz. ›réminiscence‹ nimmt Freuds Begriff der Reminiszenz auf. (A. d. Ü.)

6 Frz. ›duelle‹: Homophonie von dual und duellhaft. (A. d. Ü.)

7 Auch wenn im Original von ›maturation instinctuelle‹ die Rede ist, ist allein die Übersetzung durch ›Triebreifung‹ – und nicht ›Instinktreifung‹ – angebracht. Lacan hat später die bis dahin in der französischen Freud-Übersetzung übliche Übersetzung von ›Trieb‹ durch ›instinct‹ grundlegend kritisiert und den Term ›pulsion‹ eingeführt. (A. d. Ü.)

8 Der Term ›souvenir-écran‹ gibt den Freudschen Begriff der ›Deckerinnerung‹ wieder; daran angelehnt ist die Bildung des Ausdrucks ›objet-écran‹, ›Deck-Objekt‹. (A. d. Ü.).

9 Mit * markierte Worte oder Textpassagen sind bereits im Original deutsch. (A. d. Ü.)

10 Die Schreibung ›ich‹ für »Je« wird durchgehend beibehalten und soll die Abgrenzung vom objektivierbaren Ich *(le moi)* betonen. (A. d. Ü.)

11 Donald W. Winnicott, »Transitional Object and Transitional Phenomena. A Study of the first Non-me possession«, in: *International*

Journal of Psycho-Analysis, 34. Jg., Nr. 2, 1953 [dt. »Übergangsobjekte und Übergangsphänomene«, in: *Psyche*, 23. Jg., 1969, und in: D. W. Winnicott, *Vom Spiel zur Kreativität*, übers. v. Michael Ermann, Klett-Cotta, Stuttgart, 1979 – A. d. H.]

12 Das französische ›frustration‹ ist die Übersetzung des Freudschen Terminus der ›Versagung‹; spätestens durch den Umweg über das Amerikanische, speziell den Behaviorismus, hat aber ›Frustration‹ heute in Deutschland mehr noch als in Frankreich eine gänzlich banale Bedeutung – im Sinne der Nicht-Befriedigung eines Bedürfnisses – bekommen, die dem Terminus der Versagung überhaupt nicht entspricht. (A. d. Ü.)

13 F. Pasche und M. Renard, »Réalité de l'Objet et Point de Vue Économique«, in: *Revue Française de Psychanalyse*, 20. Jg., Nr. 4, 1956

14 A. Schnurmann, »Observation of a Phobia«, in: *Psychoanalytic Study of the Child*, Bd. III/IV

15 P. Marty und M. Fain, »Importance du rôle de la motricité dans la relation d'objet«, in: *Revue Française de Psychanalyse*, 19. Jg., Nr. 1-2, 1955

16 Ruth Lebovici, »Perversion sexuelle transitoire au cours d'un traitement psychanalytique«, in: *Bulletin de l'Association des Psychanalystes de Belgique*, 25. Jg., 1956

17 Ein von S. Ferenczi eingeführter Begriff. (A. d. Ü.)

18 Frz. ›le sein‹ bedeutet auch: ›der Schoss‹. (A. d. Ü.)

19 S. Freud, »Über die Psychogenese eines Falles von weiblicher Homosexualität« (1920), *G. W.* XII, S. 269-302

20 S. Freud, *Die infantile Genitalorganisation. (Eine Einschaltung in die Sexualtheorie)*, G. W. XIII, S. 291-298

21 S. Freud, »Drei Abhandlungen zur Sexualtheorie«, in: *G. W.* V, S. 29-145 (A. d. Ü.)

22 Vgl. zu ›l'objet achevé‹ Teil I, Abschnitt I, Anm. 4

23 Vgl. Teil I, Abschnitt I (A. d. Ü.)

24 Vgl. die Wortmeldung von J. Lacan in der Diskussion des Berichtes von D. Lagache über das Problem der Übertragung, in: *Revue Française de Psychanalyse*, 16. Jg., Nr. 1-2, 1952 [»Intervention sur le transfert«, in: *Écrits*, Paris, Seuil, 1966, S. 215-226]. (Lacan bezieht sich hier auf: S. Freud, »Bruchstück einer Hysterie-Analyse« (1905), *G. W.* V, S. 161-286; A. d. Ü.]

25 Vgl. dazu auch die Ausarbeitungen Lacans in *Le Séminaire, livre III, Les Psychoses*, texte établi par Jacques-Alain Miller, Seuil, Paris, 1981, bes. die Kapitel XII und XIII (A. d. Ü.)

26 ›Avatar‹ bedeutet auch: ›Missgeschick‹, es bezieht sich aber hier auf Freuds Ausdruck »(Trieb-)Schicksal«. (A. d. Ü.)

27 S. Freud, *»›Ein Kind wird geschlagen.‹ Beitrag zur Kenntnis der Entstehung sexueller Perversionen«* (1919), *G. W.* XII, S. 195-226. Die Übersetzung ins Französische lautet: »On bat un enfant. Contribution à l'étude de la genèse des perversions sexuelles« (1919), in: *Revue Française de Psychanalyse*, 6. Jg., Nr. 3-4, 1933. (Die französische Übersetzung berücksichtigt nicht die passivische Form, die der Titel Freuds hat: ›On bat un enfant‹ heißt wörtlich: ›Man schlägt ein Kind‹. A. d. Ü.)

28 Am 13. und am 20. Februar fanden keine Seminare statt.

29 S. Freud, »Fetischismus«, *G. W.* XIV, S. 311-317.

30 Frz. ›leurre‹ hat den Doppelsinn von Trug, Täuschung sowie Köder. (A. d. Ü.)

31 Sigmund Freud, »Analyse der Phobie eines fünfjährigen Knaben« (1909), in: *G. W.* VII, S. 241-377 (die französische Übersetzung in: *Cinq psychanalyses*, Paris: PUF).

32 Claude Lévi-Strauss, »The structural study of myth«, in: *Myth, A Symposium, Journal of American Folklore*, Bd. 78, Nr. 270, Okt.-Dez. 1955, S. 428-444 [frz. »La structure des mythes«, in: *Anthropologie structurale*, Plon, Paris, 1958, S. 227-256; dt. »Die Struktur der Mythen«, in: *Strukturale Anthropologie,* übersetzt von Hans Naumann, Suhrkamp, Frankfurt am Main, 1967, S. 226-254; A. d. H].

33 Im Text Freuds heißt es: »›... Stellwagen, Möbelwagen, Kohlenwagen seien Storchenkistenwagen.‹ Das heißt also: gravide Frauen.« – *G.W.* VII, S. 316. (A. d. Ü.)

34 »Er wird durch einen Traum geweckt, beschließt ihn ohne Aufschub zu analysieren, schläft, mit dem Ergebnis seiner Bemühung zufrieden, wieder ein und am nächsten Morgen sind Traum und Analyse vergessen.« (*G. W.* XIII, S. 432)

35 Ernest Jones, *The Nightmare*, London, 1931 (A. d. H)

36 Frz. ›privé(e)‹ hat den Doppelsinn von entzogen, beraubt, aberkannt und privat, dem Privaten angehörig. (A. d. Ü.)

37 Frz. »cailloux« geht auf das lat. *calculus* zurück und ist ähnlich wie im Deutschen zudem eine umgangssprachliche Bezeichnung für Edelsteine, insbesondere Diamanten. (A. d. Ü.)

38 Sigmund Freud, »Eine Kindheitserinnerung des Leonardo da Vinci« (1910), *G. W.* VIII, S. 127-211

39 Vgl. die Studie von Meyer Schapiro, »Leonardo and Freud: an art-historical study«, in: *Journal of the history of ideas*, 17. Jg., 1956, Nr. 2, S. 147-178

40 Vgl. S. Freud, »Eine Kindheitserinnerung...«, op. cit., S. 157 f. (A. d. Ü.)

41 Die Abbildung von da Vincis *Heilige Anna Selbdritt* des Louvre ist Freuds Aufsatz beigefügt, vgl. »Eine Kindheitserinnerung...«, op. cit., S. 140 b (A. d. Ü.)

42 ›*Nullibiquité*‹ ist eine Verdichtung von ›nul‹ oder ›nullus‹: Null, Niete, Unwirksamkeit, Ungültigkeit, Nichtigkeit, Bedeutungslosigkeit, und ›ubiquité‹, ›ubiquitas‹: Allgegenwart, so dass man ›Nichtsallgegenwart‹ als Übersetzung vorschlagen könnte. (A. d. Ü.)

Jacques Lacan
Die Bildungen des Unbewussten

I
SEMINARSITZUNGEN VOM 6., 13. UND VOM 20. NOVEMBER 1957

Wir werden dieses Jahr unmittelbar die Funktion des Signifikanten im Unbewussten erörtern. Die vorangegangenen Jahre haben uns auf diese Arbeit vorbereitet.

Das erste Jahr des Seminars (1953-54) bestand im Wesentlichen darin, anhand von Freuds technischen Schriften den Begriff des Symbolischen als allein fähig einzuführen, von der Artikulation des Sinns Rechenschaft zu geben. Weil für das Sprechen etwas geknüpft worden ist, kann es der Diskurs in der Analyse aufknüpfen. So gesehen stellt sich das Ich als Ort des Verkennens dar.

Im Laufe des zweiten Jahres hat uns der Kommentar von *Jenseits des Lustprinzips* veranlasst, einen Faktor repetitiver Insistenz hervorzuheben, den wir mit der Struktur einer signifikanten Kette identifiziert haben. Wir haben dafür ein Modell mit einer Minimalgruppe von vier Signifikanten erstellt[1], denen eigentümlich ist, dass jeder gemäß seinen Beziehungen zu den drei anderen analysierbar ist (eine Gruppe, wie sie auch der Minimalanforderung der linguistischen Analyse entspricht).

Im folgenden Jahr (1955-56) haben wir am Beispiel des Präsidenten Schreber die Psychose behandelt, insofern sie auf einem ursprünglichen signifikanten Ausfall aufgebaut ist (Begriff der Verwerfung*). *Der Andere* als Sitz des Spre-

chens und Garant der Wahrheit ist hier durch *den anderen* ersetzt; gerade die Unterdrückung der Dualität zwischen dem symbolischen Anderen und dem anderen als imaginärem Partner bereitet dem Psychotiker so viele Schwierigkeiten, sich in einem menschlichen, das heißt symbolischen Realen zu halten. Wir haben uns auf das Schema von F. de Saussure bezogen, das doppelte Strömen von Signifikant und Signifikat, die zu einem unaufhörlichen Gleiten des einen über dem anderen verurteilt sind.
Schließlich haben wir im letzten Jahr durch die Analyse der Objektbeziehung[2], besonders im Fetischismus und der Phobie, gesehen, dass das Objekt nicht durch eine wie auch immer geartete prästabilisierte Harmonie an das Begehren gebunden ist. Das Objekt des menschlichen Begehrens ist das Begehrensobjekt des anderen und das Begehren stets Begehren nach etwas anderem (nach dem, was dem ursprünglich verlorenen Objekt mangelt). Es gibt keinen Sinn, es sei denn metaphorischen, da aller Sinn nur durch Substitution eines Signifikanten durch einen Signifikanten in der symbolischen Kette entsteht.

KOMMENTAR DES SCHEMAS

Doch kann man sich nicht mit dem Verweis auf ein wechselseitiges Gleiten von Signifikant und Signifikat zufriedengeben; ihre Verbindung reduziert sich nicht auf einen Punkt. Man muss den Versuch ihrer Topologie wagen.
Unser Schema repräsentiert nicht Signifikant und Signifikat, sondern zwei Zustände des Signifikanten. Der Kreislauf δ γ A δ' repräsentiert die *Kette des Signifikanten*, insofern er für die Effekte der Metapher und der Metonymie durchlässig bleibt; deshalb gehen wir davon aus, dass er auf der Ebene der Phoneme konstituiert wird. Die zweite Linie A β β' γ repräsentiert den *Kreis des Diskurses*, des allgemeinen Dis-

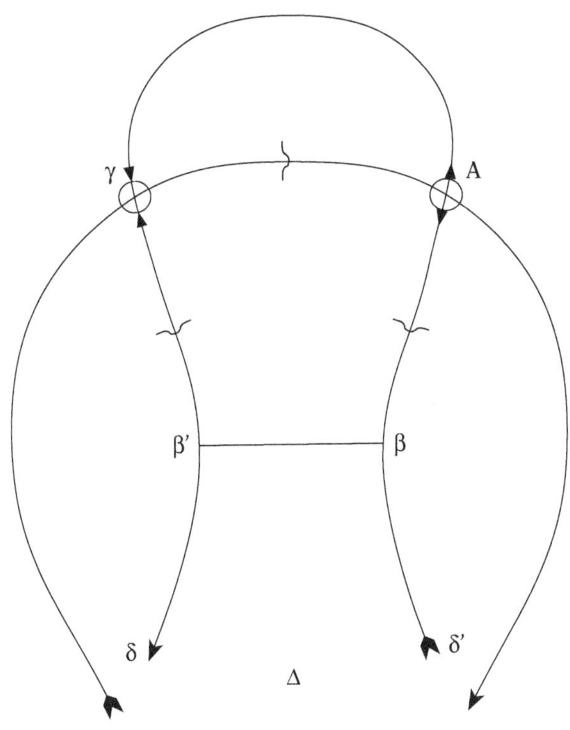

Erste Anwendung

Kreislauf δ γ A δ'	–	Kette des Signifikanten
Kreislauf A β β' γ	–	Kreis des Diskurses
γ	–	Botschaft – Ort der Metapher
A	–	der Andere – Ort des Codes
β'	–	metonymisches Objekt
β	–	›ich‹ des Diskurses

Zu beachten sind:

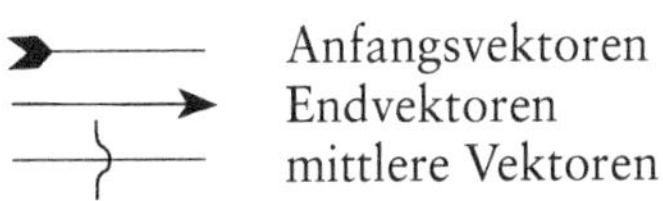

kurses, durch Semanteme konstituiert, die selbstverständlich nicht eindeutig dem Signifikat entsprechen, sondern durch eine Verwendung definiert sind; paradoxerweise ist dies die Ebene, auf der am wenigsten Sinnschöpfung geschieht, auf der das Sprechen am leersten sein kann.

Diese beiden Linien verlaufen gegensinnig, gleiten aufeinander zu und überschneiden sich in zwei Punkten: in A, welches der *Ort des Codes* ist, situiert im Anderen, insofern er der Kompagnon der Sprache ist (unnötig, hier ein »kollektives Bewusstsein« zu evozieren; es genügt ein Anderer, und falls eine Sprache in einem einzelnen lebendig sein kann, ist es genau das Phänomen des Witzes, das ihn am besten, wir werden es sehen, in Frage stellt); und in γ, welches die *Botschaft* ist, das Ergebnis der Verbindung des Diskurses mit dem Signifikanten; der Sinn steigt hier über dem Feld der Wahrheit auf; zumeist jedoch wird gar keine Wahrheit verkündet: Die durch β und β' verlaufende Kurzschließen symbolisiert das leere Sprechen, die Sprach-Mühle, die üblichsten Formen des Diskurses.

Diese beiden Punkte sind leicht wiederzuerkennen: β' ist das metonymische Objekt, das immer *etwas anderes* ist, worüber wir im letzten Jahr gehandelt haben; β bezeichnet das ›ich‹, insofern es im Diskurs selbst den Platz dessen anzeigt, der spricht.

Das Schema illustriert diese der linguistischen Erfahrung und der Freudschen Erfahrung gemeinsame Wahrheit, dass es unmöglich ist, ausgehend von einem beliebigen Subjekt eine Botschaft zu erhalten, wenn nicht eine signifikante Kette und ein Netz von Verwendungen existieren; die Existenz dieses komplexen Mechanismus bewirkt, dass ein Diskurs stets mehr sagt, als er sagen will. Das Schema lässt auch deutlich werden, dass eben auf der Linie von der Botschaft zum Code und zurück vom Code zur Botschaft die Sinnschöpfung erfolgt, die wesentliche Dimension, in die uns ohne weitere Umwege der Witz *(trait d'esprit)* einführt.

DER WITZ*

Freud erfasst den Witz *(l'esprit)* in dem, was dieser scheinbar an größter Kontingenz, Gebrechlichkeit und allgemeiner Wertlosigkeit anzubieten hat. Denn er sieht die strukturalen Beziehungen zwischen dem Witz* und dem Unbewussten. Auf welcher Ebene? Allein auf einer formalen Ebene. Er stützt sich auf die Technik des Witzes *(mot d'esprit)*, die Technik des Signifikanten. Von da aus werden wir mit ihm aufbrechen und das erste Beispiel aufnehmen, das er gibt und das er den *Reisebildern** von Heinrich Heine entnimmt.[3]

Es handelt sich um das Wort Hirsch-Hyacinths, des Hamburger Juden, eines Lotteriekollekteurs in Notzeiten, den Heine erzählen lässt, wie Salomon Rothschild ihn einst empfangen habe: »Und so wahr mir Gott alles Gute geben soll, Herr Doktor, ich saß neben Salomon Rothschild und er behandelte mich ganz wie seinesgleichen, ganz famillionär.«[4]

Wir erkennen da den Mechanismus der Verdichtung wieder, materialisiert im Signifikanten, eine Art von Zusammenpressen, das Freud folgendermaßen veranschaulicht:

Fam*ili*   *är*
  Milion *är*
____
*Familion*är

Wenn wir uns auf unser Schema beziehen, können wir Schritt für Schritt die Bildung des Wortes verfolgen: Der Diskurs geht von A, dem Anderen, aus, gemäß der Formel, die besagt, dass wir von dort unsere eigene Botschaft in umgekehrter Form empfangen (merken wir an, dass das Subjekt sein Zeugnis mit einem – ohne es zu wissen ironischen – Appell an das, was Gott ihm schuldet, beginnen lässt); dann reflektiert sich der Diskurs in β über dem ›ich‹, in dem sich das Subjekt als dasjenige hervorbringt, das spricht, kommt über den Anderen, aus dem es spricht (β A), wieder zurück und vollendet seine Botschaft (A γ).

Aber dieser andere ist für den Sprecher nicht irgendwer. Deshalb gerät die signifikante – phonematische – Kette, die er von β aus hervorgerufen hat – die Reihe von Elementen, aus denen er sein Sagen zusammensetzen muss –, tatsächlich am Punkt γ ins Straucheln und durchläuft ihn deformiert: *famillionär*, in diesem Zustand erreicht sie den Hörer in A in dem Moment, in dem der Satz in γ den retroaktiven Ring seiner Bedeutung schließt. Was ist geschehen? Die beiden Kreisläufe sind in der zweiten Phase *(temps)* vom metonymischen Objekt angezogen worden (in β'), das hier diesen Seinesgleichen bezeichnet, in dem das Subjekt sich entfremdet, indem es ihn verabscheut: »seinen Millionär«; es liefert der signifikanten Kette die zusätzlichen Silben. Durch die Vektoren β' γ und A γ die gleichzeitig im Spiel sind, setzen sich die Elemente der beiden Kreisläufe – des intentionalen Kreislaufs und des signifikanten Kreislaufs – begünstigt durch ihre partiale Homophonie zu einer Metapher (oder Substitution) zusammen, die man misslungen nennen kann, nämlich die Verdichtung zweier Signifikanten: familiär und Millionär.

Was ist von einer solchen Botschaft nun zu sagen? Zunächst, sie ist unpassend, sie ist im Code nicht vorgesehen. Doch gerade durch ihre Unterschiedenheit vom Code bekommt sie den Wert einer Botschaft. Sodann wird diese Unterschiedenheit als Witz vom Anderen als Dritten gebilligt, der ihn in den Code als solchen einreiht: eine von Freud hervorgehobene unerlässliche Bedingung (»... dass nur das ein Witz ist, was ich als einen Witz gelten lasse«[5]). Schließlich – das dritte Element – hat der Witz einen gewissen Bezug zur Wahrheit oder zumindest zu etwas, das wesentlich mit der Wahrheit zusammenhängt.

Freuds ganze Argumentation beruht auf der *Technik* des Witzes. *Famillionär* stellt in seinen Augen ein grundlegendes Beispiel dar, weil wir damit das zentrale Phänomen herausstellen können: eine Strukturanalogie zwischen der Technik des Signifikanten im Witz und den unbewussten Mechanismen Verdichtung und Verschiebung.
Famillionär: Fehlhandlung oder poetische Schöpfung? Etwas Neues erscheint im Signifikanten, das dem Code entgeht, all dem, was sich bereits im Signifikanten in seiner Funktion einer Schöpfung des Signifikats aufgehäuft hat. Wie knüpft der Witz an die allgemeine Ökonomie der Funktion des Signifikanten an? Rufen wir in Erinnerung, was diesen charakterisiert[6]: eine artikulierte Kette mit der Tendenz, geschlossene Gruppierungen zu bilden, die aus Reihen von ineinandergreifenden Ringen bestehen und so Ketten bilden, die selbst in weitere Ketten eingehen. Somit umfassen die Verbindungen des Signifikanten zwei Dimensionen: die der Kontinuität oder Verkettung (Diachronie) und die der Substitution (Synchronie).
Die Hervorbringung von famillionär – einer Verdichtung, die einhergeht mit einer Elision, einem Rest, zwischen familiär und Millionär – stellt einen Sonderfall der Substitutionsfunktion dar. Wir haben bereits anhand des Beispieles einer berühmten Metapher von Victor Hugo, »seine Garbe war weder geizig noch hasserfüllt«, zu zeigen versucht, dass in der Substitution die schöpferische Kraft, die Kraft zur Erzeugung der Metapher steckt: Dank der Substitution von Booz durch »seine Garbe« taucht um die Figur Booz herum etwas auf, das ein Sinn ist, der Sinn seines Eintritts in den Stand der Vaterschaft, samt allem, was drumherum von der Tatsache ausstrahlt, dass er ihm spät, unvorhergesehen und unverhofft widerfährt.

Die Substitution steht am Ursprung des Auftauchens des Sinns wie auch seiner normalen Entwicklung. Ein der Geschichte der Sprache *(langue)* entnommenes Beispiel: das Wort *atterré*, das wörtlich ›auf die Erde *(terre)* gestellt‹ bedeutet und dem widerfahren ist, dass ihm eine Nuance Schrecken *(terreur)* hinzufügt wurde, bis es schließlich für viele ›in Schrecken versetzt‹ bedeutete; nun, diese Nuance wird auf dem signifikanten Weg der Homonymie eingeführt. Ebenso ist die Metapher nicht eine Injektion von Sinn, als ob dieser in irgendeinem Reservoir warten würde; wiederholen wir, dass einzig der Bezug eines Signifikanten zu einem Signifikanten den Bezug des Signifikanten zum Signifikat erzeugt. Die Unterscheidung der beiden Bezüge ist wesentlich.

VERGESSEN VON NAMEN UND WITZ

Die Ambiguität des Wortes *atterré* weist uns auf etwas anderes hin: Die hier eingeführte Bedeutungsnuance impliziert eine gewisse Beherrschung, als ob der Schrecken gezähmt oder gemildert wäre; er erscheint in einem Halbschatten, man schaut ihm nicht direkt ins Gesicht, sondern nimmt ihn auf dem Umweg über die Depression auf. Daraus ergibt sich, dass der Signifikant *terre* (Erde), den das Wort enthält, hier nicht mehr (außer im Rekurs auf gelehrte Diskurse, auf das Wörterbuch) zu unserer Verfügung steht: er ist verdrängt.

Diese Bemerkung veranlasst uns, die Hervorbringung unseres familionär von einer anderen Seite her zu beleuchten, dem Vergessen von Namen, so wie Freud es im ersten Kapitel der *Psychopathologie des Alltagslebens* anbringt.[7] Wir treffen hier nicht wie im Witz auf einen neuen Sinn; im Gegenteil, es fehlt etwas. Wenn aber der Mechanismus des

Signifikanten der Antrieb für die Bildungen des Unbewussten ist, so müssen wir ihn auch dort am Werk finden.

Alle von Freud angemerkten Züge wären hervorzuheben: dass es sich um einen fremden Namen und einen Eigennamen handelt. Beschränken wir uns jedoch für den Moment auf das Wesentliche: Es ist kein absolutes Vergessen, kein Klaffen; anstelle von Signorelli stellen sich andere Namen ein, Ersatznamen, Botticelli, Boltraffio. Man beziehe sich hierzu auf die anschauliche Analyse Freuds; sie lässt einzig eine *Kombination* von Signifikanten hervortreten; Bosnien, Herzegowina, Trafoi sind die metonymischen Überreste des hinter den einzelnen Elementen, die im Spiel sind, gegenwärtigen Objekts: der Tod, der absolute *Herr**, der hier zurückgedrängt wird (»unterdrückt«*, was man durch »tombé dans les dessous« [»in der Versenkung verschwunden«] übersetzen könnte). Die metonymische Annäherung ermöglicht es – als das, was man freie Assoziation nennt –, dem unbewussten Phänomen auf die Spur zu kommen. Jedesmal, wenn wir es mit einer Bildung des Unbewussten zu tun haben, müssen wir die metonymischen Reste suchen. Es geht noch weiter: Freud kann den Namen Signorelli nicht wiederfinden, weil *Signor*, Repräsentant des Todes, nicht aufrufbar ist. Aber *Signor* ist die Übersetzung von *Herr**; Signorelli zerfällt deshalb leicht in Bruchstücke, weil es einer Freud fremden Sprache angehört; das metonymische Objekt zerbricht nur insofern so gut, weil es ein Bruchstück der Realität ist, die es repräsentiert. Eine Übersetzung ist keine Metapher, sondern ein besonderer Fall von Substitution. Das eigentlich Metaphorische hierbei ist gerade der Ausfall des Signifikanten, das nämlich, was in Verbindung mit den Fresken von Orvieto Freud die Evokation der letzten Dinge nennt, diese Fiktion, mit der Signorelli die Realität zähmt, der zu trotzen unmöglich ist, nämlich den Tod.

*Signor** ist nur ein Abfall, den wir uns wie einen Ball zwischen Code und Botschaft hin- und hergeworfen vorstellen müssen; er wird in diesem Kreislauf gehalten, ohne dass er eine Zeitlang dahin zurückkehren kann; er ist verdrängt. *Herr** ist *unterdrückt** auf der Ebene des Diskurses, denn es ist Freuds eigener, der Suche nach dem Namen Signorelli vorausgehender Diskurs, der ihn eingefangen hat; am Ende bringen uns die metonymischen Überreste des Objekts wieder auf die Spuren des verlorenen Signifikanten. Das Spiel der metaphorischen Substitution ist nur möglich, weil es sich auf die signifikante Kette als Prinzip der Kombinationen stützt.

Kehren wir zu famillionär zurück, der Wortproduktion, die wir oberhalb des Mangels ansetzen werden, für den das Vergessen des Namens als Phänomen dasteht. Man könnte sagen, dass der Witz dort ein Poesie*wesen* entstehen lässt, und tatsächlich ist nun eine phantastische und lächerliche Figur bereit für seinen Eintritt in die Welt (man wird ihn mit dem *Miglionnaire* aus dem *Prométhée mal enchaîné* von Gide vergleichen können). Doch ist hier eher von einer *Seinsweise* zu sprechen (die Übersetzung famillionärsmäßig im adverbialen Sinne ginge allerdings zu weit). Man kann in der Tat, wenn man das Wort in seinen Kontext literarischer Schöpfung zurückversetzt, die Figur des Marquis Cristoforo di Gumpelino (alias Christian Gumpel) nicht verkennen, dessen *Famulus* Hirsch-Hyacinth ist. Hier brechen aus β β' hervor: *fama, fames* und Infamie, *fat-millionnaire* (*Millionarr*, schreibt Heinrich Heine irgendwo[8]), sogar *femmillionnaire*[9] (gemäß dem päderastischen Thema, das in den *Bädern von Lucca* ausgeschlachtet wird und auf das Freud später zurückkommt) – so viele metonymische Scherben, die den Schweif der Bildung des Witzes bilden.

Es ist dennoch ein anderer Sinn, den die Pointe des Witzes andeutet; diesen Sinn sieht Freud, Theodor Lipps zitierend[10], in einer »Aufnahme (...) die durch den Beigeschmack des Millionärtums an Annehmlichkeiten nicht zu gewinnen pflegt«.[11] Nun maskiert freilich die im Leben Heines von

den allzu – oder allzu wenig – bekannten Wohltaten des Baron James Rothschild illustrierte Beziehung eine andere – mehr bittere – Beziehung zu seinem Onkel Salomon Heine, dem Millionär seiner Familie, dessen Verachtung ihn von der Liebe seines Lebens trennte, als er ihm seine Tochter verweigerte. Hier nun ist es das Wort *Familie*, das, während es zwischen Botschaft und Code umherirrt wie vorhin das Wort *Signor**, in der Funktion von Verdrängtem erhalten bleibt.
Der Witz ist die Metapher einer Wahrheit, die sich entzieht, und er erhält vom Anderen die Billigung, die ihn als solchen begründet.

DER PLATZ DES SUBJEKTS

Im Laufe eines intentionalen Diskurses geschieht etwas, das den Willen des Subjekts übersteigt: Unfall, Paradox, aber auch Schöpfung; die Signifikanten prallen aufeinander und erzeugen einen Sinn. Da ist der Witz. Er veranlasst, die Frage nach dem Platz des Subjekts zu stellen. Die Freudsche Erfahrung trägt dazu etwas Wesentliches bei. Die Psychoanalytiker von heute neigen dazu, Subjekt und Ich *(moi)* zu vermischen und dieses mit einem – freilich stets zum Scheitern verurteilten – Synthesevermögen zu identifizieren, während Freud ein Subjekt entdeckt, das jenseits des Paares von Ich und anderem funktioniert, das nicht so sehr ein Double ist, ein »schlechtes Ich«, ein »wahres« Ich – mit einem Wort, das Unbewusste, dessen Struktur er uns zeigt, indem er dessen Bildungen analysiert.
In der Tat begegnet uns in den Symptomen, Träumen, Fehlhandlungen und Witzen eine einzige, homogene Struktur, dazu dieselben strukturalen Gesetze von Verdichtung und Verschiebung: Ein im Unbewussten »angezogener« Vorgang ist nach deren Gesetzen strukturiert. Nun, dies sind diesel-

ben Gesetze, die die linguistische Analyse uns als die Weisen der Erzeugung des Sinns durch die Agentur des Signifikanten zu erkennen erlaubt; der Analytiker muss daraus um eines Verstehens der Phänomene willen, denen er in seinem eigenen Feld begegnet, seinen Vorteil ziehen. Die Variabilität, die üppige Fülle der Objekte, die das menschliche Begehren will, stehen in engem Bezug zur Entführung des Menschen durch die Sprache. Wir nehmen also nur den von Freud gebahnten Weg wieder auf, wenn wir uns an der Verbindungsstelle von Psychoanalyse und Linguistik, der Bildungen des Unbewussten und der Schöpfung des Sinns platzieren.

Wiedergabe durch J.-B. PONTALIS.

II
SEMINARSITZUNGEN VOM DEZEMBER 1957, VOM JANUAR, FEBRUAR UND MÄRZ 1958

Warum erörtern wir die Frage der Bildungen des Unbewussten anhand von Beispielen von Witzen? Die Absicht, Funktionen ausgehend von Beispielen freizulegen, mag befremdlich scheinen. Wir antworten darauf, dass man, um die Ordnung des Freudschen Unbewussten zu erreichen, notwendigerweise einen anderen Weg nehmen muss als den des begrifflichen Erfassens; und das Eigentümliche des Witzes *(trait d'esprit)* besteht, wie schon angezeigt, eben darin, einen *esprit* einzuführen, der ebenso wenig auf die Funktion des Urteils wie auf die Handhabung von Begriffen reduzierbar ist. Wenn wir nach Freud auf ein bereits von ihm erforschtes Feld zurückgekehrt sind, so, um zu versuchen, die maßgeblichen Gesetze der Sprache hervorzuheben und sogar zu formalisieren, von denen er – besonders in der *Traumdeutung** und im *Witz** – gezeigt hat, wie sie von

Anfang an die menschlichen Bedürfnisse strukturierten; in der Tat sind diese, wie ursprünglich wir sie auch wollten, jenen Mechanismen unterworfen, die Freud Verdichtung und Verschiebung genannt hat. Kein Begehren erhält Zutritt, es sei denn, durch allerlei Arten von Vermittlungen, die es brechen.

Freud lädt in seiner Behandlung des Witzes immer wieder dazu ein, diesen in seinem Text, in seiner signifikanten Materialität zu suchen; wenn wir, beispielsweise, *famillionär* durch »familiär, soweit ein Millionär das zustande bringt«[12] übersetzen, verschwindet der Witz; er hält einer rückführenden Interpretation nicht stand, das ist wohlbekannt. Mit *famillionär* haben wir die metaphorische, die sinnschöpferische Funktion des Witzes herausgelöst. Ein anderer, von Freud wiedergegebener Ausspruch – Soulié, der zu Heine in einem Pariser Salon sagt: »Sehen Sie doch, wie dort das neunzehnte Jahrhundert das goldene Kalb anbetet«, und Heine antwortet: »Oh, der muss schon älter sein«[13] – ermöglicht es, dessen metonymische Funktion aufzuzeigen. Ohne sie könnte eine Metapher nicht entstehen. So hat zum Beispiel goldenes Kalb einen metaphorischen Wert angenommen und kann die Macht des Geldes darstellen, weil es dem vorausgehend in jeder Form von Idolatrie ein Gleiten des Symbolischen zum Imaginären gibt. Das bedeutet in dem zitierten Beispiel, dass der Witz im wesentlichen in der schlagfertigen Antwort Heinrich Heines besteht, die jede metaphorische Referenz annulliert und das goldene Kalb auf seine Qualität zurückführt, nämlich als ein Stück Vieh verkauft zu werden.

Auf dieselbe Weise ließe sich in einem anderen Register zeigen, dass der Realismus im strengen Sinne deshalb unmöglich ist, weil das vom Begehren erlangte Objekt immer ein metonymisches ist. Man kann sich davon durch die Lektüre der Seite aus *Bel ami*[14] überzeugen, die eine Mahlzeit beschreibt, bei der man nicht mehr weiß, welches das reale

Objekt ist, um das es geht, ob es das Fleisch eines jungen Mädchens ist oder eine Forelle, die sich dort auf dem Tisch befindet... Ein ähnliches Gefühl stellt sich, auf einem anderen Abhang des Realismus, bei den dreizeiligen Kurzprosatexten *(nouvelles)* von Félix Fénéon ein, die dem Leser die genauesten Koordinaten von Ereignissen liefern, ihn aber gleichwohl in der Schwebe lassen Sätzen gegenüber, deren Gravitationszentrum zu finden ihm niemals gelingt. Jeder Diskurs, der die Realität zu geben meint, ist genötigt, sich in einer Perspektive fortdauernden Sinngleitens zu halten.

Was also ist die Quelle der Lust, die der Witz verschafft? Man führt eine Rückkehr zur Spielphase der kindlichen Aktivität an. Meinetwegen, es muss jedoch hinzugefügt werden, dass das reine Ausüben der verbalen Form uns zu den strukturierenden Wegen zurückkehren lässt, die eben die des Unbewussten sind. Zwei Seiten im Witz: Die Freiheit in der Ausübung des Signifikanten bringt seine Polyvalenz zugleich mit seiner schöpferischen Funktion samt seinem Willkürakzent zum Höchstmaß; andererseits führt uns diese Ausübung zum Unbewussten (muss an die von Freud aufgestellte Strukturanalogie zwischen Witz, Traum, Fehlhandlung und Symptom erinnert werden?).

Man definiert den Witz häufig als Sinn im Unsinn: er würde uns durch den Unsinn frappieren, dann durch das Erscheinen eines geheimen Sinns belohnen, der stets schwierig zu definieren ist; der Unsinn hätte einen Moment lang die Rolle, uns zu täuschen, uns gerade eben lange genug zu verblüffen, damit ein Sinn unbemerkt durchschlüpft. Aber das ist bestenfalls eine Beschreibung des Witzes, aber keine Analyse seines Mechanismus und noch weniger eine Erklärung der Lust, die er verschafft. Die Frage muss anders angegangen werden.

Ursprünglich drückt der Signifikant einen *Anspruch (demande)* aus. Freud erzählt unentwegt in seiner Abhandlung Geschichten von Schnorrern *(quémandeurs)*, denen man etwas gewährt und die sich als völlig undankbar erweisen. Wir wollen hinzufügen: glücklicherweise!, wenn wir uns an das erinnern, was unter dem Namen Abhängigkeitskomplex O. Mannoni an Wirkungen beschrieben hat, die die Befriedigung des Anspruchs hervorbringt. (*Demandare* heißt ursprünglich sich anvertrauen, sich und seine Bedürfnisse in die Hände eines anderen geben). Man könnte, um die Dinge auf die Spitze zu treiben, sagen, dass der Anspruch es aufgrund seiner Beschaffenheit erzwingt, dass man sich ihm entgegensetzt. Er drückt sich vermittels des Signifikantensystems aus, was einen Moment der Ruhe, einen Abstand zwischen der Mitteilung des Anspruchs und ihrem Eingang impliziert. Umgekehrt ließe sich mythisch ein Anspruch vorstellen, der vollen Erfolg kennen würde, ein Anspruch, der so, wie er ausgesandt wird, empfangen wird, und man könnte dann die Lust, die wir am Witz haben, einer derartigen totalen Befriedigung zuschreiben – während der Schnorrer gezwungen ist, aus Rücksicht auf das System des anderen seinen Anspruch zu bemänteln, und es ihm so widerfährt, dass sein Begehren gemäß dem Code des anderen erfasst und umgewandelt wird.

So gesehen wäre es das Ziel des Witzes, uns die Dimension zurückzurufen, in der das Begehren all das anzeigt, was es im Zurücklegen des Weges verloren hat, das heißt all das, was es auf der Ebene der metonymischen Kette zurückgelassen hat und was von sich es auf der Ebene der Metapher nicht hat realisieren können.

Der andere, derjenige, der den Witz bestätigt, nimmt wahr, was er an Anspruch auf Sinn enthält; dann im Falle eines »gelungenen« Witzes geht er weiter: das *wenige an Sinn (peu de sens)* – diese Dürftigkeit der Wörter, die einen vollen Sinn nicht stützen können – verwandelt er in einen *Sinn-Schritt (pas-de-sens* – wie man Pas-de-Calais sagt[15]). Aus diesem Grunde kann sich die Lust dessen, der den Witz macht, nur im anderen erfüllen. Wer aber ist dieser andere?

Bis hierher haben wir nur nahezu abwesende Subjekte erscheinen sehen, verschiedene Arten von Trägern, um den Ball des Signifikanten zurückzuspielen. Und dennoch, was wäre der Dimension des Witzes wesentlicher als die Subjektivität, als die Intersubjektivität?

Wie ist das hier zu verstehen? Wir haben häufig diese Art natürlicher Zusammengehörigkeit, gegenseitiger Faszination beschrieben, die die Ethologen in Form von isolierbaren Zyklen im instinkthaften Prozess deutlich gemacht haben – das, was nach dem appetitiven Stadium erlaubt, die Durchführung der Tat abzuschließen (die IRM[16] von K. Lorenz): Kampf oder Parade, die einen Charakter wechselseitiger Annäherung bis zur Vereinigung zeigen. Die einen Moment lang aufgetauchte Opposition dessen, was man zwei Subjekte nennen könnte, kann hier verschwinden.

Aber es verhält sich damit ganz anders, sobald wir die Widerstände einer beliebigen Signifikantenkette einführen; sie bringt eine wesentliche *Heterogenität* mit sich.

Bis hin zu Freud wurde die Bedeutungsintention mit der Dimension des Bewusstseins verschmolzen, und die Einwände gegen das Thema des Freudschen Unbewussten finden darin immer noch ihren letzten Anhalt: Wie kann man beispielsweise von »Traumgedanken« sprechen, das heißt von Gedanken, die sich der gewohnten Anschauung als Gedanken darstellen, die nicht gedacht sind? Nun, das, was Freud beiträgt, ist die Idee, dass in uns ein Subjekt nach Gesetzen denkt, welche genau die der Organisation der signifikanten Kette sind. Was das Unbewusste genannt wird, ist der Signifikant in Aktion, abgesondert vom Spiel der Strebung und auf einen anderen »psychischen Schauplatz« versetzt – ein Ausdruck, der Fechner entliehen ist und der die Heterogenität der für das Unbewusste geltenden Gesetze gegenüber allem, was sich auf den Bereich des Vorbewussten, des Verstehbaren und der Bedeutung beziehen lässt, kennzeichnet.[17]

Freud führt uns anlässlich der Wege und des Vorgehens selbst des Witzes unablässig auf diese Dimension des Anderen zurück. Es ist »die Eigentümlichkeit des Witzes«, schreibt er, »seine volle Wirkung auf den Hörer nur zu äußern, wenn er (...) ihm als Überraschung entgegentritt«[18], als ob das Subjekt eine Verfremdung erfahren hätte, was den unmittelbaren Inhalt des Satzes betrifft. Im gleichen Sinne hebt Freud hervor, dass, sofern es sich um die Weitergabe eines Witzes handelt, immer drei Personen im Spiel sind, während das Komische sich mit zweien zufriedengeben kann.

Versuchen wir, den Unterschied genauer zu fassen. Das, was ich mit dem Witz im anderen zu erwecken suche, ist die Sprache um all dessentwillen, was sie an Sinnschöpfung in latentem Zustand in sich trägt; die Bilder funktionieren hier als signifikante Elemente, die mehr oder weniger gebilligt sind im metonymischen Schatz, in dem, was dem anderen an Vielfalt ihrer möglichen Kombinationen zu kennen unterstellt wird; wir sehen sie in diesem Zustand der Ungebundenheit, der zwischen ihnen alle Verbindungen, jene Verdichtungen und Verschiebungen gestattet, die zugleich den Reichtum und die Heterogenität der menschlichen Welt im Verhältnis zum biologischen Realen ausmachen.

Beim Komischen ist die Funktion des Bildes eine ganz andere. Die Theorie Bergsons vernachlässigt eine gleichwohl elementare Gegebenheit: Das Lachen rührt an alles, was Nachahmung, Verdoppelung, Doppelgängererscheinung, Maske und Demaskierung ist. Sie nähern sich einem Kind, das Gesicht unter einer Maske verborgen, es lacht angespannt; Sie nähern sich ihm weiter und es lässt Zeichen von Angst erkennen. Sie nehmen die Maske ab, es lacht; aber wenn Sie unter der Maske noch eine andere tragen, lacht es ganz und gar nicht.

Beim Menschen besteht ein sehr enges Verhältnis zwischen dem Phänomen des Lachens und der Funktion des Imaginären, zumal dem fesselnden Charakter des Bildes. In diesem Feld entstehen die Spannungsabfälle, denen mehrere Autoren das plötzliche Auslösen des Lachens zuschreiben. Wenn uns beispielsweise jemand einfach da- durch zum Lachen bringt, dass er hinfällt, so geschieht das aufgrund des mehr oder weniger pompösen Bildes einer Gangart und in Verbindung mit Statur- und Rangphänomenen. Plötzlich wird etwas vom Zwang des Bildes befreit, und das Bild macht sich seinerseits, so könnte man sagen, ganz von allein auf den Weg.

Die Funktion des anderen ist gleichfalls eine sehr verschiedene. Damit es eine komische Beziehung gibt, ist eine persönliche Verwicklung des einen im anderen notwendig; das Verhältnis des Anspruchs zur Befriedigung besteht nicht mehr wie beim Witz in einem Moment, sondern beansprucht eine gewisse Konstanz, ein Verhältnis, das mit einem bestimmten anderen aufrechterhalten wird. Die ganz um das Problem des anderen und der Liebe zentrierte Geschichte der Komödie zeigt dies hinreichend. Man wird sich auf Aristophanes beziehen können, bei dem man im Vordergrund in elementarer Form das Bedürfnis auftauchen sehen wird – jenes Bedürfnis, das ursprünglich in die Dialektik der Sprache eingetreten ist –, oder auf die klassische Komödie, die uns halsstarrige, von einem metonymischen Objekt faszinierte Figuren vorführt – es ist das Prinzip der Komödie, alle Leidenschaften als gleichermaßen metonymische aufzustellen.

Der Andere, an den der Witz appelliert, ist weniger reales und lebendiges Subjekt als symbolischer, quasi anonymer Ort, ein Schatz allgemein anerkannter Vorstellungen. Ich wende mich in ihm an nichts, das spezifiziert wäre; er stellt bloß eine Form dar, von dem gebildet, was Freud die Hemmungen nennt. Damit mein Witz den anderen zum Lachen bringe, muss er, nach den Worten einer von Bergson erzählten Anekdote, »aus der Gemeinde« sein. Es gibt Dinge, die nicht verstanden werden können, die gewöhnlich nicht mehr verstanden werden. Der Witz sucht sie verständlich zu machen; im Inneren eines Widerstandes des Subjekts, einer Reihe imaginärer Kristallisationen verschafft sich etwas Gehör, das im Unbewussten direkt Widerhall finden wird. Man erfasst jetzt besser den Ursprung der Befriedigung, die der Witz ergibt, und versteht zugleich besser, warum er Freuds Aufmerksamkeit und auch die unsere auf sich zieht. Der *esprit* – der *Witz** – erstattet dem im Wesentlichen unbefriedigten Anspruch unter dem zweifachen Aspekt der Überraschung und der Lust: Lust der Überraschung und Überraschung der Lust, seinen Genuss zurück. Im anderen, der die für jede Befriedigung notwendige Bedingung symbolisiert, kommt etwas zustande: dass ich gehört werde über das hinaus, was ich sage, denn das, was ich sage, vermag es nicht, mir wirklich Gehör zu verschaffen. Der Witz entfaltet sich in der Dimension der Metapher; ein Straucheln des Signifikanten befriedigt mich dadurch, dass der andere, indem er eine ins Straucheln geratene Botschaft gutheißt, die Dimension anerkennt, jenseits derer das wahre Begehren seinen Ort hat, das, dem es aufgrund des Signifikanten nicht gelingt, bedeutet zu werden. Der andere ist nicht mehr nur einfach da als Sitz des Codes, er interveniert als Subjekt, indem er eine Botschaft gutheißt und weitere Verwicklungen einführt. Der andere wird also für einen Moment diese Kluft füllen, die die Unlösbarkeit des Begehrens bildet. Das hat uns bereits in der Analyse der Technik des Witzes veranlasst, eine Dialektik des Anspruchs anzuerkennen und als ideale Referenz die Existenz einer vollständigen Befriedigung des Anspruchs anzusetzen. Tatsächlich tritt das niemals ein: Das Begehren wird in seinem Durchgang durch den Signifikanten gebrochen; es stößt auf den anderen nicht als Person, sondern als Sitz des Codes. Jede mögliche Befriedigung des menschlichen Begehrens wird von der Übereinstimmung zwischen dem signifikanten System, insofern es im Sprechen

des Subjekts artikuliert ist, und dem System, insofern es auf dem Code beruht, abhängen. Die Analyse des Witzes lässt erkennen, wie das wenige an Sinn *(peu-de-sens)* und der Sinn-Schritt *(pas-de-sens)*[19] sich nach Art der tausend Schiffchen des Webstuhls überkreuzen, die Freud poetisch in einer Passage der *Traumdeutung* anspricht.[20]
Es soll nun in einer weniger exzeptionellen Situation die Funktion des Anderen untersucht werden, insofern er die Legitimität des Codes begründet.

*

Bekanntlich hat die Analyse des Unbewussten als erstes den Ödipuskomplex aufgedeckt: Ein Unfall des Ödipus ruft die Neurose hervor. Im Weiteren bringt die Geschichte der Psychoanalyse etliche Fragen an den Tag: Gibt es Neurosen ohne Ödipus? Oder – entsprechend – die Frage: Gibt es nicht hinter dem väterlichen Über-Ich ein mütterliches Über-Ich, das noch fordernder ist? Was hat man unter präödipal zu verstehen? Lässt sich, wie man zunächst geglaubt hat, die Perversion spezifisch auf das präödipale Feld beziehen? In der Tat entgeht, wie wir im letzten Jahr gezeigt haben, die Perversion der Dialektik des Ödipus nicht. Desgleichen hat auf dem Feld der Psychose Melanie Klein die Vorzeitigkeit des ternären väterlichen Terms begründet; darunter ist zu verstehen, dass der Körper der Mutter die vorherrschende Rolle in der Entwicklung der ersten objekthaften Beziehung spielt, doch unter den im Körper der Mutter anwesenden bösen Objekten befindet sich der unter der Form seines Penis repräsentierte Vater. Schließlich hat man dem Ödipus eine im eigentlichen Sinne genitale Funktion zuerkannt, die eine bestimmte organische Reife sowie zugleich die Annahme des eigenen Geschlechts durch das Subjekt umfasst; diese letztere Dimension des Ödipus ist an das Ich-Ideal gebunden.

All dies lädt dazu ein, die Funktion des Vaters, die im Mittelpunkt der Frage des Ödipus steht, neu zu betrachten. Die Analyse des Falles des Präsidenten Schreber hat uns gelehrt, dass es für die Konstitution des Subjekts wesentlich war, den *Namen-des-Vaters* erworben zu haben: Es ist notwendig, dass jenseits des anderen das existiert, was dem Gesetz eine Grundlage verschafft. Kommt es zur *Verwerfung** des Namens-des-Vaters wie im Fall Schreber, werden die beiden hin- und hergehenden Verbindungen zwischen Botschaft und Code (vgl. unser Schema) zerstört.

Vom Namen-des-Vaters zu sprechen ist ganz und gar nicht dasselbe wie das Fehlen des Vaters geltend zu machen, was häufig getan wird. Man weiß heute, dass ein Ödipus sich sehr wohl bilden kann, auch wenn der Vater nicht da ist, – schließlich war man ja schon so weit gegangen und hatte die übermäßige Anwesenheit des Vaters für alle Dramen verantwortlich gemacht... Doch lässt sich eine Antwort auf diese Schwierigkeiten nicht in einer auf die Umwelt ausgerichteten Perspektive finden. Um eine Verbindung zwischen dem Namen-des-Vaters, insofern er gelegentlich fehlen kann, und dem Vater herzustellen, dessen tatsächliche Anwesenheit nicht immer notwendig ist, damit er nicht fehlt, werden wir den Ausdruck *väterliche Metapher* einführen und uns klarmachen, indem wir die Funktion des Vaters in dem Trio analysieren, das er mit der Mutter und dem Kind bildet.

Wir werden drei Zeiten unterscheiden. *Erste Zeit*: Die väterliche Metapher wirkt an und für sich, sofern das Primat des Phallus in der Ordnung der Kultur errichtet ist. Die Existenz eines symbolischen Vaters hängt nicht davon ab, ob in einer gegebenen Kultur das Band zwischen Koitus und Kindschaft mehr oder weniger anerkannt ist, sondern davon, ob etwas darin dieser durch den Namen-des-Vaters definierten Funktion entspricht oder nicht. In dieser ersten Zeit sucht das Kind sich mit dem zu identifizieren, was das Objekt des Begehrens der Mutter ist; es ist Begehren nach dem Begehren der Mutter und nicht nur Begehren nach ihrer Berührung und ihrer Fürsorge; nun gibt es aber bei der Mutter das Begehren nach etwas anderem als danach, das Begehren des Kindes zu befriedigen; hinter ihr zeichnen sich die ganze symbolische Ordnung, von der sie abhängt, und dieses vorrangige Objekt in der symbolischen Ordnung, der Phallus, ab. Deshalb auch befindet sich das Kind in einem Täuschungsverhältnis: es liest die Befriedigung seiner Begehren in den vom anderen nur angedeuteten Bewegungen, es ist weniger Subjekt *(sujet)* als unterworfen *(assujetti)* – das kann eine Angst erzeugen, deren Wirkungen wir beim *Kleinen Hans* nachgegangen sind, der um so mehr seiner Mutter unterworfen war, als er ihren Phallus verkörperte.

Um der Mutter zu gefallen, ist es notwendig und hinreichend, der Phallus zu sein; in dem Masse, wie sich diese Botschaft auf befriedigende Weise realisiert, können sich die perversen Identifizierungen auf etwas stützen. Noch ist ein solcher imaginärer Weg nie voll zugänglich; das macht den ganzen Polymorphismus der Perversion aus. Letztes Jahr haben wir gezeigt, wie im Fetischismus sich das Subjekt, das in einem bestimmten Verhältnis zu diesem Objekt jenseits des Begehrens der Mutter stand, imaginär mit jener identifizierte, und wie im Transvestitentum es sich mit dem Phallus als verborgen unter den Kleidern der Mutter identifizierte.

Zweite Zeit: Der Vater interveniert tatsächlich als »*privateur*« der Mutter, und das in einem zweifachen Sinn: insofern er das Kind des Objektes seines Begehrens beraubt *(prive)*, und insofern er die Mutter des phallischen Objekts beraubt. Der Anspruch des Subjekts wird hier auf eine neue Stufe gehoben: sich dem anderen zuwendend, stößt er hier nun auf den Anderen des anderen, auf sein *Gesetz*. Das Begehren eines jeden ist dem Gesetz des Begehrens des anderen unterworfen.

Was geschieht, wenn das Subjekt diese vom Vater über die Mutter vollzogene Privation des Phallus nicht akzeptiert? Es hält eine bestimmte Form von Identifizierung mit dem rivalisierenden Objekt, dem Phallus, aufrecht; die Frage, die ihm gestellt ist, ist diese: der Phallus sein oder nicht sein. Das Subjekt wird wählen oder wird vielmehr, da der Satz vor ihm von seinen Eltern eingeleitet worden ist, ebenso passiv wie aktiv sein.

Es gibt eine enge Verbindung zwischen dieser Verweisung der Mutter auf ein Gesetz, das nicht ihr Gesetz ist, und der Tatsache, dass das Objekt ihres Begehrens real von jenem anderen besessen wird, auf dessen Gesetz sie verweist. Erinnern wir uns an den Vater von Hans: präsent, intelligent, freundlich und dennoch völlig wirkungslos, weil sein Wort neben dem der Mutter ohne Wert ist. Die Position des Vaters ist somit in Frage gestellt, und genau das unterwirft Hans letztendlich dem Begehren der Mutter.

Dritte Zeit, von der der »Untergang« des Ödipus abhängt: Der Vater interveniert als derjenige, der den Phallus hat, und nicht als derjenige, der der Phallus ist; er setzt die Instanz des Phallus wieder ein als ein von der Mutter begehrtes Objekt und nicht mehr als ein Objekt, das er ihr als allmächtiger Vater rauben kann. Anders gesagt, in dieser Etappe sorgt der Vater dafür, dass er der Mutter vorgezogen wird, und diese Identifizierung mündet in die Bildung des Ich-Ideals.

Auf dieser Ebene stellt sich die Frage des *umgekehrten Ödipus* als Frage nach den unterschiedlichen Auswirkungen des Komplexes auf Junge und Mädchen. Was das Mädchen betrifft, bereitet es dem Vater keine Mühe, dafür zu sorgen, dass er als Träger des Phallus der Mutter vorgezogen wird, während sie für sich anerkennt, dass sie nichts dergleichen hat –, aber das wird niemals vollständig realisiert. Sie weiß, wo sie den Phallus kriegen kann; deshalb zeigt eine »wahre« Weiblichkeit stets eine Alibidimension, eine »wahre« Frau einen leichten Zug von Verwirrtheit ...

Für den Jungen stellt sich die Frage in einer paradoxeren Form: Augenscheinlich hat er die Funktionen, die in ihm zu erwachen begannen, eingebüßt; tatsächlich hat er alle Titel in der Tasche, alle Rechte, ein Mann zu sein. Die väterliche Metapher mündet hier in die Errichtung von etwas, das der Ordnung des Signifikanten angehört; die tatsächlichen Bedeutungen werden sich später entwickeln. Metapher: ein Signifikant tritt an die Stelle eines anderen Signifikanten. Das, was das väterliche Fehlen genannt wird, ist auf dieser Ebene zu suchen. Man kann noch mehr sagen: insofern er »wirklich« männlich ist, ist ein Mann stets mehr oder weniger seine eigene Metapher, von daher ein Schatten des Lächerlichen...

Was den umgekehrten Ödipus betrifft, so ist klar, was er bedeutet: Dem Anteil Liebe, die dem Vater gilt, kann nicht ausgewichen werden, denn die beiden Elemente Liebe und Identifizierung sind absolut untrennbar; das heißt, dass das Subjekt sich in dem Masse, wie der Vater geliebt wird, mit ihm identifiziert und die Lösung für den Ödipus findet. Wenn man aber vom Vater geliebt werden will, damit man dann seinen Titel in der Tasche hat, läuft man Gefahr, den Rang einer Frau anzunehmen; das hat eine eminent konflikthafte Position zur Folge, in der die Rückkehr der homosexuellen Position jederzeit möglich scheint und bei der diese um der Kastrationsdrohung willen, die sie nach sich zieht, verdrängt wird.

Der Psychoanalytiker zieht in Betracht, wie ein Subjekt in die Beziehung des Ödipus eintritt, – diese Struktur, von der zu sehr vergessen wird, dass weder die Psychologen noch die Soziologen von ihr Rechenschaft geben können. Es ist wünschenswert, die verschiedenen Ebenen dessen, was im Kastrationskomplex im Spiel ist, zu unterscheiden, oder auch die verschiedenen Etappen der Identifizierung mit der väterlichen Instanz. Es schien uns, dass wir, als wir die Struktur und die signifikante Zirkulation betrachteten, feste

und sichere Anhaltspunkte hatten. Nehmen wir daher die Untersuchung der drei unterschiedenen Zeiten wieder auf und präzisieren wir unsere Perspektive.
In einer ersten Zeit steht das Kind in einer Beziehung mit dem Begehren der Mutter, es ist Begehren des Begehrens. Das Objekt dieses Begehrens ist der Phallus, metonymisches Objekt, bei dem wesentlich ist, dass es überall im Signifikat zirkulieren wird: In der Mutter wird die Frage des Phallus gestellt, und das Kind muss ihn dort ausfindig machen. In dieser ersten Etappe gibt es kein anderes Mittel zur Befriedigung als an den Platz des Objekts des Begehrens der Mutter zu gelangen. Es versteht sich von selbst, dass in diesem Stadium das ›ich‹ nicht gezwungen ist, sich als solches im Diskurs zu bezeichnen, um Träger dieses Diskurses zu sein. Ebenso ist das metonymische Objekt noch nicht wirklich konstituiert. Um mit dem Objekt des Begehrens der Mutter zusammenzufallen, genügt es, dass jenes ›ich‹ der Mutter der andere des Kindes wird, dass das Kind auf sein eigenes Sprechen verzichtet – das ist noch nicht sehr schwierig – und auf der metonymischen Ebene die ganz nackte Botschaft des Begehrens der Mutter empfängt. Umso mehr, wenn das Kind das Begehren der Mutter gänzlich übernimmt, ist es dafür bestimmt, unterworfen zu werden.
Wie tritt in der zweiten Zeit der untersagende Vater, der schreckliche Vater in Erscheinung? Er tut dies im Diskurs der Mutter, gleichsam durch sie vermittelt. Infolgedessen weniger verschleiert als in der ersten Etappe, aber noch nicht enthüllt interveniert er unter dem Anspruch einer Botschaft für die Mutter und folglich unter dem Anspruch einer Botschaft über eine Botschaft für das Kind: eine Untersagung, ein nicht *(ne-pas)*. Doppelte Untersagung. An die Adresse des Kindes: Du sollst/wirst nicht mit Deiner Mutter schlafen.[21] Und an die Adresse der Mutter: Du sollst/wirst Dein Produkt nicht wieder in Dich hineinnehmen. Hier zeigt sich der Vater als anderer, und das Kind wird in seiner Posi-

tion als *unterworfenes Subjekt (assujet)* zutiefst erschüttert: Das Objekt des Begehrens der Mutter wird durch die väterliche Untersagung in Frage gestellt. Das erste ternäre Verhältnis wird durch diese zweite, transitorische und wegweisende, Etappe, die die Identifizierung mit dem Vater ermöglicht, zerbrochen. In dieser dritten Zeit erscheint der Vater als permissiv und als Stifter.

Gehen wir nun kurz auf den Fall der männlichen Homosexualität ein. Der Ödipus der Homosexuellen ist sehr wohl in der dritten Etappe angekommen. Aber wie? Geben wir uns damit zufrieden, zu sagen, dies sei in umgekehrter Form geschehen? Was lehrt die Klinik? Sie hebt die Existenz einer tiefen und andauernden Beziehung zur Mutter hervor; diese soll eine hervorragende Funktion im elterlichen Paar innegehabt und sich mit dem Kind in einer sehr »kastrierenden« Weise befasst haben. Aber dies ist nicht sehr einleuchtend: Wie kann eine kastrierende Intervention dazu führen, dem Penis einen solchen Wert zu geben, dass er zu einem absolut erforderlichen Wesensmerkmal des Sexualpartners wird? Was ist denn tatsächlich passiert? Die Mutter hat sich in einem entscheidenden Moment in der Situation befunden, dem Vater zum *Gesetz* geworden zu sein.[22] In der Etappe, in der sich durch die untersagende Intervention des Vaters das Verhältnis des Kindes zum Objekt des Begehrens der Mutter derart hätte auflösen sollen, dass es sich nicht mehr in absoluter Weise mit dem Phallus identifizieren kann, entdeckt das Kind, dass in der Tat die Mutter die Schlüssel der Situation in der Hand hält. Wenn der Vater zu sehr in die Mutter verliebt ist, kann dieselbe Wirkung zustande kommen: Der Vater ist in der Position desjenigen, dem die Mutter zum Gesetz wird, in der Position des »nichts dergleichen haben«. Oder auch, wenn der Vater eine große Distanz einhält und seine Botschaften nur durch Vermittlung der Mutter ankommen.

In all diesen Fällen ist der Vater weit davon entfernt, abwesend zu sein; hinter den Anschuldigungen, den Klagen über die Mutter – die den Text der Analyse eines Homosexuellen ausmachen –, gibt es den Vater als Rivalen, dies nicht in dem Sinn eines umgekehrten, sondern des normalen Ödipus. Auf diese Rivalität antwortet das Kind, um ihr standzuhalten, indem es sich mit dieser Mutter identifiziert, die dem Vater zum Gesetz wird. Daher die Frage, die der Homosexuelle jedem Partner stellt: Hat er dergleichen oder nicht? Seine Angst, das Geschlechtsorgan der Frau zu sehen, rührt von seiner Annahme daher, dieses habe das männliche Geschlechtsorgan in sich aufgenommen; bei der Penetration wird die Begegnung mit dem Phallus befürchtet.
Die Analyse der Homosexuellen macht den entscheidenden Charakter der imaginären Identifizierung mit dem Phallus für das Subjekt und seine Entwicklung deutlich.

*

Also auf der Achse des ursprünglichen Verhältnisses des Kindes zu seiner Mutter bildet sich die erste *Realität*, aber es ist unmöglich, davon einzig durch die Beziehung des Begehrens mit einem Objekt Rechenschaft zu geben, das es befriedigen würde oder nicht. Von Anfang an haben wir eine trianguläre Verortung des Kindes erkannt, nicht im Verhältnis zu dem, was seinem Bedürfnis Befriedigung geben wird, sondern im Verhältnis zum Begehren der Mutter. In seinen Bemühungen, das Objekt des Begehrens der Mutter einzuholen, situiert es folglich nicht das Objekt, sondern sich selbst.
Wir werden nicht den kleinianischen Analytikern folgen, die uns – auf widersprüchliche Weise – die primitive Welt des Kindes als eine Welt darstellen, die nur eine Realität, die Mutter, enthält und die zwischen dem Inneren und dem Äußeren keinen Unterschied aufweist. In Wirklichkeit interessiert sich das Kind von Anfang an für Objekte jeglicher

Art, bevor es diese privilegierte Erfahrung macht, die wir unter dem Namen *Spiegelstadium* beschrieben haben und die ihm neue Möglichkeiten eröffnet: Die Möglichkeit, den Phallus als imaginäres Objekt zu situieren, mit dem das Kind sich identifizieren muss, um das Begehren der Mutter zu befriedigen, erfährt sich durch diese Kristallisierung des Ich in der Bildgestalt des Körpers bereichert. Ausgehend von dieser imaginären und durch den Instinkt vorgeformten Verortung seiner selbst im Verhältnis zu seinem eigenen Körper begibt sich das Kind in eine Reihe von Identifizierungen hinein, die das Imaginäre als Signifikanten benutzen. Eine zunächst tastende Suche – von der wir wissen, dass sie Gefahr läuft, in diese ausschließliche Beziehung des Subjekts mit der Mutter einzumünden, welche die Perversionen hervorbringt, sei es, dass das Subjekt unter weiteren Formen den Phallus annimmt, sei es, dass es daraus seinen Fetisch macht –, dann eine auf das Symbolische gerichtete Suche, in der das Ich zum signifikanten Element und nicht mehr nur zum imaginären Element wird und die zu jener Identifizierung auf väterlicher Ebene führt, die Ich-Ideal genannt wird; hier ist eine weitergehendere Ablösung im Verhältnis zum Imaginären möglich als auf der Ebene der Beziehung mit der Mutter.

Die Frage des Objekts und seines Status lässt sich nicht mehr durch alleinige Bezugnahme auf die Kategorien der Realität und des Imaginären lösen. Lange vor Freud hatte man den fundamental imaginären Charakter des Objekts, insbesondere als Objekt des sexuellen Bedürfnisses, erkannt, ohne deswegen in der Lage zu sein, ein Paradox wie dieses hier zu erklären: Weshalb kann ein kleiner Frauenschuh beim Mann diesen plötzlichen, angeblich der Reproduktion der Art zugedachten Energieausbruch provozieren? Ebenso wird, wenn man sich heutzutage mit dem Sadismus befasst, ein aggressives motorisches Bedürfnis geltend gemacht und darüber die Rolle solch einzigartiger Instrumente wie Stock oder Peitsche vergessen... Dass das illusorische Objekt seine Funktion nur als signifikantes Element in einer signifikanten Kette erfüllt, hat man völlig aus dem Blick verloren. Gewiss gibt es unter der signifikanten Kette eine Reihe von Bedeutungen; aber die Bedeutung gleitet, das Objekt ist metonymisch. Und im Imaginären repräsentiert der Phallus das, was sich aufgrund der Existenz des Signifikanten stets entzieht; bestimmte Elemente spielen dabei eine kristallisierende Rolle: das Bild des Körpers und die Beherrschung seiner Glieder durch das Subjekt.

Die Frage nach der Entstehung des Objekts stellt in der Psychoanalyse unbestreitbar ein Problem dar. Man nimmt allgemein an, dass für das menschliche Subjekt als Antwort auf den Triebreiz vor jedem Ausfindigmachen dessen, was das Bedürfnis tatsächlich befriedigt, die Möglichkeit einer halluzinatorischen Befriedigung gegeben ist. Darin liegt ein Paradox: Weshalb und wie kommt man aus diesem Befriedigungsmodus heraus? Heute, wo die Analyse der Beziehungen des Subjekts zu seiner Mutter in den Vordergrund getreten ist, legt man dem Erlernen der Realität stillschweigend die phantasmatische Konstitution der ersten Objekte zugrunde (Melanie Klein). Um die fundamentale Aggressivität herum wird alles in einer Reihe von Projektionen der Bedürfnisse des Subjekts angeordnet und ein Einschlag von Irrealität bleibt stets gegenwärtig. So gesehen ist die Normalität nichts mehr als eine Psychose, die gut verlaufen ist.

Ein einfallsreicher Artikel von Winnicott beleuchtet die Schwierigkeit: Man sagt uns, die Befriedigung des Bedürfnisses sei halluzinatorisch in dem Masse, wie das Objekt, die Mutter, enttäusche. Angenommen, das Objekt erscheine, um das Bedürfnis genau im richtigen Moment zu befriedigen, was würde dann erlauben, Realität und Halluzination voneinander zu unterscheiden? Wenn ursprünglich Halluzination und erfülltes Begehren nicht zu trennen sind, so stellt die Realität, je befriedigender sie ist, umso weniger eine Realitätsprüfung dar.[23]

Doch kann man das überhaupt Befriedigung nennen, was auf der halluzinatorischen Ebene geschieht? Man beruft sich auf das, was Freud über die Kinderträume gesagt hat. Nun geht es aber in dem Traum der kleinen Anna zum Beispiel nicht um die schlichte Befriedigung des Hungers; im Spiel ist hier genau das, was dem Kind verwehrt wurde, – wie es der Exzess- oder Festschmaus-Charakter des Traumes bezeugt. Ebenso ist im Wahn das Hauptphänomen nicht eine simple Träumerei von einer Bedürfnisbefriedigung, sondern ein bestimmtes Verhältnis zum Signifikanten, wie es ganz besonders die verbale Halluzination deutlich macht.

Die Einführung des Subjekts in eine Realität, was diese auch sei, ist nicht denkbar durch die Erfahrung einer Frustration; denn das Realitätsprinzip konstituiert sich, insofern der Signifikant ins Spiel kommt. Noch vor dem Erlernen der Sprache auf motorischer und auditiver Ebene kommt es von den ersten Beziehungen des Kindes zum mütterlichen Objekt an zu einem Symbolisierungsvorgang; sobald das Kind soweit ist, dass es zwei Phoneme gegenüberstellen kann, ist das mit den vier eingeführten Elementen – die beiden Vokabeln, derjenige, der sie ausspricht, und derjenige, an den sie gerichtet sind – genug, damit virtuell an sich die gesamte Kombinatorik erfasst wird, aus der dann die Organisation des Signifikanten entsteht.

Als Freud sich sein erstes Modell des psychischen Apparates schuf, nahm er an, dass die Art Gedächtniseinschreibung, die halluzinatorisch auf die Bekundung des Bedürfnisses antwortet, ein Zeichen sei (vgl. den Brief Nr. 52 an Fliess[24]); nicht jene Art Köder, der das Bedürfnis wecken, wenn nicht gar erfüllen kann, sondern etwas, das als Bild bereits in einem symbolischen Verhältnis steht; davon zeugt das Spiel der Anwesenheit und der Abwesenheit, das an diskrete signifikante Elemente gebunden ist.

*

Hanns Sachs hat gezeigt, dass man in jeder Perversion nicht dem Auftauchen des bloßen Triebes, sondern derselben Kompromissdialektik von Verdrängtem und Rückkehr des Verdrängten wie in der Neurose begegnet. Auch hat man es mit Verkennung zu tun: Das Subjekt »will« nicht erkennen; und das ist genau der Bereich des analytischen Prozesses: Wenn das Subjekt etwas anerkennt, wird es gezwungen sein, in derselben Bewegung eine Reihe anderer Dinge anzuerkennen, die ihm unerträglich sind, – ihre Verbindung ist die einer artikulierten signifikanten Kette. Die Verdrängung lässt sich nur mit Bezug auf die Kohärenz eines Diskurses verstehen. Wenn es einen Unterschied zwischen Neurose und Perversion gibt, so hat das seinen Grund nicht darin, dass in dem einen Fall der Trieb vermieden, während er sich im anderen freimütig äußern würde. Der Trieb erscheint in der Perversion losgelöst, sagen wir, wie ein Signifikant vom Instinkt. Man ist, wenn man perverse Phantasien untersucht, vom Vorrang des instrumentalen Elements überrascht; Elemente sondern sich ab und nehmen eine eminent symbolische Form an, was sich durch den Bezug auf die Triebökonomie einer aggressiven Spannung nicht erklären lässt.

Ein Kind wird geschlagen[25]: anhand dieser an acht Kranken erkannten und isolierten Phantasie macht Freud das Spiel des Signifikanten in der Ökonomie des Ego deutlich. Dazu einige Vorbemerkungen: Ein wichtiger Teil der libidinösen Befriedigungen des Subjekts scheint in dieser Phantasie absorbiert zu sein; es gesteht dies nur mit großem Schuldbewusstsein; es kann sich nicht anders als durch *Ein Kind wird geschlagen* artikulieren: *wird geschlagen*, das Subjekt ist da als Zuschauer, die Person, die schlägt, ist allmächtig – Erzieher, König, Tyrann – und befindet sich jenseits des Vaters; schließlich ist das Wesentliche das Schicksal der Phantasie, die Umformungen, welche die analytische Untersuchung ihr zufügt. Welches sind deren drei Zeiten?

1. Ein kleiner Bruder oder eine kleine Schwester wird vom Vater geschlagen, der diesem Kind, das die Misshandlung erleidet, seine Liebe verwehrt. Der andere wird nicht geliebt, und das genau bereitet dem Subjekt Lust. Die Liebesbeziehung wird denunziert, der andere als Begehrender auf nichts reduziert.
2. Die Konvergenz des analytischen Materials nötigt zur Rekonstruktion dieses zweiten Zustandes der Phantasie, der sich in der Erinnerung nicht nachweisen lässt und der eine bevorzugte Beziehung des kleinen Mädchens (Freud hat diese Phantasie zunächst an Mädchen analysiert) zu seinem Vater bezeichnet: es wird geschlagen. Die schuldhafte Wiederkehr des ödipalen Begehrens erfordert, dass sie sich selber zum Objekt der Bestrafung macht.
3. Doppelte Umformung: Die Figur des Vaters wird zu einer allmächtigen und despotischen Gestalt, zu einer allgemeinen Form, die bereit ist zum Schlagen, und das Subjekt stellt sich in Gestalt dieser vervielfältigten Kinder dar, die nicht einmal mehr des eigenen Geschlechts sind: Ein Kind wird geschlagen. Das, was in dieser letzten Form der Phantasie aufrechterhalten wird, bildet die Stütze dessen, was das Subjekt an genitalen Befriedigungen wird evozieren können.

Das Verhältnis des Kindes zur Mutter ist, wir haben darauf hingewiesen, nicht nur auf die Befriedigung oder die Versagung, sondern auf die Anerkennung des Objekts des Begehrens der Mutter gegründet. Was geschieht, wenn der Platz, an dem dieses Begehren situiert ist, von einem realen Subjekt besetzt wird, einem Rivalen? Wir wissen, dass die Ankunft eines kleinen Bruders oder einer kleinen Schwester eine entscheidende Rolle in der Entwicklung einer Neurose spielen kann: sich aber mit diesem Bezug zur Realität zufriedenzugeben heißt, es genau so zu machen wie das Subjekt selbst: die Funktion dieses Verhältnisses, sich nämlich in die Entwicklung einer Symbolisierung einzuschreiben, zu maskieren. Die Analyse von *Ein Kind wird geschlagen* macht dies deutlich. Wenn das Kind tatsächlich – zum Beispiel in der Schule – dem Akt des Schlagens begegnet, zieht es daraus keinerlei Lust und hält sich davon fern; wenn es sich jedoch auf der symbolischen Ebene außer Kraft gesetzt fühlt, stößt es auf die Phantasie der Auspeitschung, deren symbolischer Charakter von Anfang an erotisiert ist. In der zweiten Zeit ändert die Phantasie den Sinn: Etwas, das dazu diente, die Liebe zu verleugnen, dient dazu, sie zu bedeuten. Eingeführt werden nun zum einen eine Botschaft: Der Rivale ist ein geschlagenes Kind, ein Nichtsnutz; zum anderen ein Signifikant, den es zu isolieren gilt, das Instrument, die Peitsche. Halten wir fest, dass die Botschaft in der Form: Mein Vater schlägt mich, niemals beim Subjekt ankommt; sie kommt an in der Form: Der Rivale existiert nicht, und das bedeutet: Du, du wirst geliebt. Das signifikante Material, die Peitsche, bleibt fast allein als Modell des Verhältnisses zum Begehren des anderen übrig. Tatsächlich besagt diese Phantasie in ihrem letzten Zustand, dessen Allgemeinheitscharakter durch die Entvielfältigung der Subjekte genügend verdeutlicht wird, insofern sie ein libidinöses Verhältnis zum anderen bezeichnet: Alle Menschen stehen unter der Zuchtrute.

Man sieht, dass das Wesen des Masochismus bei dieser Phantasie im Spiel ist. In *Jenseits des Lustprinzips* hat Freud nach dessen radikaler Bedeutung geforscht: Was bedeutet diese Art Widerstand des Subjekts gegen eine bestimmte normalisierende Heilbehandlung, den man mit dem Namen der negativen therapeutischen Reaktion bezeichnet hat? Hat man den letzten Antrieb des Lustprinzips in der Strebung des Lebens, zum Tod zurückzukehren, zu suchen, als ob es das letzte Wort der libidinösen Entwicklung wäre, die Ruhe der Steine kennenzulernen? In dem, was Freud uns entdeckt, gibt es vielleicht eine Spur von diesem Bestreben, freilich nur, insofern es sich im Widerstand von Subjekten äußert, für die es mehr oder weniger kennzeichnend ist, unerwünschte Kinder gewesen zu sein oder einen unwiderstehlichen Hang zum Selbstmord zu haben. In dem Masse, wie zur Aussage kommt, was sie ihrer Geschichte als Subjekt näherbringt, weisen sie diese signifikante Kette zurück, in der sie von ihrer Mutter nur widerwillig aufgenommen worden waren. Darin behauptet sich nicht nur ein Begehren nach Anerkennung, sondern die Anerkennung eines Begehrens. Unserer Ansicht nach steht eher die Grundbeziehung des Subjekts zur signifikanten Kette im Mittelpunkt von *Jenseits des Lustprinzips* als die anfechtbare Idee einer Strebung nach lebloser Ruhe: einer Beziehung des Subjekts zum Signifikanten, insofern es eingeladen ist, sich darin zu konstituieren, und insofern es sich dem verweigert –, indem es sich weigert, eine Schuld zu bezahlen, die es nicht eingegangen ist, ergibt sich daraus ihr Fortbestehen, denn durch seine fortwährenden Weigerungen erweist sich das Subjekt immer stärker an sie gebunden. Am Ende erkennt Freud in dieser Notwendigkeit, dieselbe Weigerung zu wiederholen, die letzte Bildung all dessen, was sich vom Unbewussten in der Form des Symptoms manifestiert.

*

Das Begehren: vor Freud war man mehr bemüht, es zu reduzieren und zu disziplinieren als es zu entdecken und seine Wirkungen zu untersuchen. Von Anfang an ist es im Signifikanten entfremdet, darin besteht die Entdeckung Freuds. Das lässt sich auf der Ebene der Phantasie oder des Traumes nachweisen.

Wenn die Analytiker bis zur oral-sadistischen Befriedigung zurückgehen und beim kleinen Kind ein Bedürfnis entdecken, seine Mutter zu beißen, so wollen wir nicht vergessen, dass es sich um ein phantasiertes Beißen handelt; andererseits ist es unmöglich, die unbewussten Phantasien von jener formalen Schöpfung, dem reinen Spiel der Einbildungskraft, zu unterscheiden, sofern wir nicht erkennen, dass sie durch den Signifikanten strukturiert sind. Diese guten oder bösen ursprünglichen Objekte, die Melanie Klein erkannt hat, bilden eine Art Batterie, in der sich mehrere Reihen von Äquivalenzen abzeichnen (Milch-Sperma, Brust-Penis, etc....); das heißt, dass sich die Beziehung zum mütterlichen Objekt von Anfang an über Zeichen, über die Münze des Begehrens des anderen vollzieht. Mit *Ein Kind wird geschlagen* haben wir gesehen, dass unter den Zeichen eine Teilung vollzogen werden kann; nicht alle sind auf treuhänderische Werte reduzierbar: Unter ihnen gibt es solche, die den Wert konstituieren. Beispielsweise wird das, was zunächst ein Mittel war, die rivalisierende Realität des Bruders zu annullieren, sekundär zu dem, wodurch das Subjekt sich selbst unterschieden findet, – anerkannt oder ins Nichts geworfen.

Im Traum hat Freud, wie man weiß, das unbewusste Begehren tatsächlich im Zentrum der analytischen Erfahrung entdeckt; im Traum, in dem es ganz und gar jenen Transformationen des Signifikanten unterworfen ist, welche die Verdichtung und die Verschiebung sind. In ihm kommt das Geschehen rund um das essentielle infantile Begehren, das Begehren des Begehrens des anderen, zum Vorschein. Doch hierbei ist das Begehren untrennbar vom Spiel des signifikanten Materials, das Subjekt verschmilzt im Traum mit der signifikanten Struktur. Insofern ist der Traum für den Analytiker interessant.

Wir stellen also ein weiteres Mal fest, dass es nicht auf die Versagung ankommt, so wie sie allgemein im Sinne eines mehr oder weniger Realen, das dem Subjekt gegeben wäre, aufgefasst wird, sondern auf die Verortung des Subjekts im Verhältnis zum Begehren des anderen. In der Theorie ist die gesamte Ökonomie der Gratifikationen durch diesen Begriff einer ursprünglichen Abhängigkeit im Verhältnis zum Begehren des anderen zu ersetzen oder auch zu begreifen, dass das Begehren durch die Bedingungen des Anspruchs geformt wird; es ist ein bedeuteter Anspruch: Ich bedeute Ihnen meinen Anspruch. In einer Analyse ist das Subjekt eingebunden in einen Anerkennungsprozess: Begehren nach Anerkennung und Anerkennung des Begehrens.

Daher setzen wir nun an den Anfang jeder Analyse des intersubjektiven Phänomens: die Mutter, insofern sie dieses erste symbolisierte Objekt ist, das durch seine Abwesenheit oder Anwesenheit für das Subjekt in ein Zeichen verwandelt wird, an das sich sein eigenes Begehren anhängen wird, – was aus ihm nicht bloß ein befriedigtes oder ein unbefriedigtes Kind, sondern ein begehrtes oder nicht begehrtes Kind machen wird; den Vater als Auftauchen des Signifikanten; das Kind als begehrtes oder nicht begehrtes.[26] Identifizierungen sind in dem Masse möglich, wie sich für das Subjekt in diesem auf der Ebene des Signifikanten konstituierten triadischem Verhältnis etwas strukturiert; und nur innerhalb dieses Verhältnisses vermag es seinem Erlebten diesen oder jenen Sinn zu geben.

Sehen Sie sich das Kind André Gide an, so wie Jean Delay davon berichtet: das sich in seiner ersten Beziehung zu einer Mutter eingerichtet hat, deren feminines Leben etwas von einer gewissen Auslassung aufweist; das in seinem ursprünglichen Autoerotismus ungewöhnlichen Bildern verfallen ist und seinen Orgasmus nur im Phantasieren katastrophischer Situationen findet. Nur durch Vermittlung seiner Cousine wird er diesen Platz des begehrten Kindes einnehmen können, vor dem er dereinst mit Entsetzen geflüchtet war, als seine Tante an ihm einen Verführungsversuch unternommen hatte: Er kann das Begehren, das ihn zum Gegenstand nimmt, nicht akzeptieren, sondern verliebt sich auf immer in diesen kleinen Burschen, der er einen Augenblick lang in den Armen seiner Tante gewesen ist. Gide hat nur zu dem werden können, der er ist, indem er sich auf dem von seiner Cousine besetzten Platz geltend machte, bis dahin, dass er sich ihr gegenüber in eine Art tödliche Abhängigkeit begab: Darin liegt ebenso der Ursprung seiner »Perversion« wie seiner höchsten Liebe.[27]

Melanie Klein beschreibt die Beziehung zur Mutter als eine Spiegelbeziehung; der mütterliche Körper wird zur Schaltzentrale der Triebe, die das Kind da hinein projiziert; Triebe, die durch eine aus grundsätzlicher Enttäuschung entstandene Aggression hervorgerufen werden. In dieser Perspektive bleibt der spätere Zugang zur Realität stets problematisch, einer reinen Dialektik der Phantasie unterworfen. Darin bleibt vernachlässigt, dass für das Subjekt das Äußere als der Ort gegeben ist, an dem sich das Begehren des anderen situiert und an dem es dem Dritten, dem Vater begegnen wird. Jenseits der bestrickenden dualen Beziehung führt sich ein dritter Term ein, durch den das Subjekt den Anspruch erhebt, bedeutet zu werden. Dieser Punkt, der kenntlich macht, dass mein Begehren bedeutet werden muss, dieses Symbol für den Mangel meines Begehrens, welches bewirkt, dass das Signifikat stets daran vorbei und verstellt bedeutet wird, ist der Phallus.

*

In seinem Artikel aus dem Jahre 1931, *Über die weibliche Sexualität*, stellt sich Freud die folgende Frage: Wenn das Mädchen genauso wie der Junge zunächst die Mutter begehrt, wie kommt es dann dazu, dass das Mädchen die Mutter durch den Vater ersetzt? Demnach würde das Mädchen der Mutter in einer maskulinen Position gegenübertreten; etwas, das zum Komplex gehört, müsste eingreifen, damit es seine weibliche Position erkennt.

Entgegen den Freudschen Gegebenheiten hat man ursprüngliche Erlebnisse anführen können, die für den Augenblick des Stillens eine tiefe körperliche Emotion bezeugen; über eine Gleichung zwischen Mund und Vagina ließe sich so auf

biologischer Ebene ein Weg zur Entwicklung der Weiblichkeit erschließen. Doch geht es dabei nur um das Wandern eines erogenen Triebes?
Für Freud sollte die phallische Phase des kleinen Mädchens ihre natürlichen Stützen in einer grundlegenden biologischen Bisexualität sowie dem Vorhandensein des Ansatzes von einem Penis, der Klitoris als dem Organ erster Lüste, finden. Die der phallischen Phase innewohnende Enttäuschung bewirkt, dass das Mädchen seinen Vater zum Liebesobjekt nimmt und in den Ödipus eingeführt wird. Wie J. Lampl de Groot trefflich dargelegt hat, entdeckt das Mädchen durch das Scheitern der Beziehung zur Mutter die Beziehung zum Vater sowie die daraus resultierende Äquivalenz zwischen dem Penis, den es niemals besitzen wird, und dem Kind, das es an dessen Stelle geben wird.
Man sieht daran, dass der *Penisneid**, der sich als die wesentliche Artikulation des Eintritts der Frau in die ödipale Dialektik erweist, mehrere Bedeutungen hat (E. Jones): 1. Der Wunsch, dass die Klitoris ein Penis sei, ein mitunter das ganze Leben lang bewahrter, irreduzibler Wunsch (wie Freud beharrlich behauptet). 2. Das Begehren nach dem Penis des Vaters. 3. Die Phantasie, ein Kind vom Vater zu bekommen, den Penis in symbolischer Form. Man wird also in den *Penisneid** verwickelt Frustration, Privation und Kastration wiederfinden, die wir im letzten Jahr voneinander abzuheben versucht haben.
Freuds These, wonach sich beim Mädchen alles um den Klitoristrieb zu drehen scheint, muss man gewiss diskutieren; doch zunächst ist unter strukturalem Gesichtspunkt die Strenge dessen anzuerkennen, was er uns als das bezeichnet, welches beim Mädchen der Kastration beim Jungen entspricht: eine Beziehung zu einer Phantasie, insofern sie einen signifikanten Wert annimmt. Aus genau diesem Grunde folgen wir nicht E. Jones, der darauf Wert legt, im Rahmen einer biologischen Rationalität zu bleiben, und den privile-

gierten Charakter des phallischen Signifikanten nicht begreift.[28]

Nach Jones wäre es, je weiter man zum Ursprung zurücksteigen würde, desto schwieriger, diese angebliche männliche Position des kleinen Mädchens im Verhältnis zu seiner Mutter zu erfassen; und doch beobachten wir tatsächlich diesen in seiner Beschaffenheit und seinen Funktionen so problematischen *Penisneid**. Nur muss man darin eine Abwehrbildung gegen die von den ursprünglichen Trieben des Kindes hervorgerufenen Gefahren sehen. Der letzte Artikel von Jones (1935) ist um die Klein'sche Erfahrung zentriert: Die Mutter wird darin als dieses ziemlich glückliche – *successful* – Wesen angesehen, weil sie mit all den Dingen angefüllt ist, die das Kind so begehrt und fürchtet, als dieses mütterliche Imperium, das aufgeteilt ist zwischen seinen sich bekämpfenden Königreichen – Brüder, Schwestern, Exkremente und jener väterliche Phallus, der mit Blick auf die Besitzforderungen des Kindes auf den Inhalt des mütterlichen Körpers besonders schädlich ist. Für Jones kann der Phallus der Brust vorgezogen werden, weil er das Mittel und das Alibi einer Abwehr darstellt; insofern er repräsentierbar ist, bietet er einen Grenzpunkt an, an dem die Angst halt macht. So gesehen ist die phallische Phase eine phallische *Position*, beinahe eine Phobie, ein Umweg in der Geschichte einer von Anfang an bestimmten Position: Das kleine Mädchen hält die aus seinen eigenen, auf den mütterlichen Körper gerichteten oralen und sadistischen Begierden entstandenen und für es selbst innerhalb seines eigenen Körpers bedrohlichen Vergeltungsängste fern, indem es sie auf etwas Zugängliches zentriert (das Bedürfnis nach einer Rückversicherung, das sich später auf Objekte wie etwa Kleidungsstücke beziehen kann). Sobald diese anfänglichen Ängste einmal gemildert und woandershin übertragen worden sind und wenn die an das tiefliegende Organ gebundene Angst sich verschoben haben und die Beziehung zum weiblichen

Objekt weniger partial geworden sein wird, wird das Mädchen mit vollem Recht in seine vaginale Position zurückkehren.
Diese Ansichten sind sehr weit von denen Freuds entfernt, für den die weibliche Position, die alles andere als eine ursprüngliche Gegebenheit darstellt, nur um den Preis einer Reihe von Umwandlungen erreicht wird; ursprünglich ist für ihn eine ausschließliche, totale und ziellose Forderung, die dazu verdammt ist, unbefriedigt zu bleiben; das Mädchen wird durch die Erfahrung der Enttäuschung zu einer stärker normativen Position veranlasst. Die Dimension von Begehren und Anspruch ist hier vorherrschend, und deshalb lässt sich auch die Funktion des (in der Klein'schen Dynamik schwierig zu erfassenden) Phallus als Signifikant des Mangels aus diesem Abstand zwischen dem Anspruch des Subjekts und seinem Begehren begreifen.
Das, was uns als Unfall in der Entwicklung des Kindes begegnet, ist an die Tatsache gebunden, dass es sich nicht allein der Mutter gegenüber befindet und dass der Phallus ihm die Befriedigung seines eigenen Begehrens untersagt, das darin besteht, das ausschließliche Begehren nach der Mutter zu sein. Damit besteht die Gefahr, das Kind zu dem Versuch zu treiben, diese Triade zu reduzieren: Entweder wird der Phallus an die Stelle der Mutter gesetzt (Fetischismus), oder das Kind sichert in ihm eine intime Verbindung zwischen Phallus und Mutter ab (Transvestitentum). In dem Masse, wie das Kind nicht auf sein Objekt verzichtet, findet sein Begehren keine Gelegenheit zur Befriedigung. Um einen Weg zur Befriedigung ausfindig zu machen, muss es zum Anspruch, das heißt zum durch den Signifikanten bedeuteten, teilweise entfremdeten Begehren werden.

*

Das Subjekt verlässt den Ödipus ausgestattet mit einem *Ich-Ideal*. Es handelt sich um eine Identifizierung, die sich von jeglichem Bild des Ich unterscheidet, so übersteigert wir es auch unterstellen, wenn wir daraus ein *Ideal-Ich* machen und mit ihm jenes Modellbild bezeichnen, das dem Subjekt eine narzisstische Rückversicherung gestattet und dessen Rolle in den Depressionen Freud herausgestellt hat. Das Ich-Ideal ist das Ergebnis einer späteren, an die Dreierbeziehung des Ödipus gebundenen Identifizierung: Es ist kein Objekt, sondern gehört sehr wohl zum Subjekt, zu einer Intrasubjektivität, die wie die intersubjektiven Beziehungen strukturiert ist; es darf nicht mit der Funktion des Über-Ich verwechselt werden, denn es ist auf das hin ausgerichtet, was im Begehren des Subjekts eine typisierende Rolle spielt – die Annahme der Männlichkeit oder der Weiblichkeit.
Um diesen Punkt zu erhellen, sollte man sich auf einige Arbeiten von Analytikerinnen beziehen. Zum Beispiel hat Joan Riviere die »Weiblichkeit als Maskerade« beschrieben,[29] wobei sie von der Krankengeschichte einer Frau ausging, die ihre Weiblichkeit ebenso in der Öffentlichkeit wie in den sexuellen Beziehungen scheinbar annimmt und dabei ein glänzendes und freies Berufsleben führt, das vor allem während des Zeitraums der Krankengeschichte als von maskulinem Typ bezeichnet werden kann. Die Analyse hebt einen Wunsch nach Überlegenheit über die Eltern heraus, eine sehr heftige Rivalität mit dem Vater und die Flucht in die Weiblichkeit als ein Mittel, Repressalien auszuweichen; die Aufdeckung dieser verborgenen Triebfeder verwirrt das Sexualleben des Subjekts und bringt für einige Zeit den Orgasmus zum Verschwinden. Jedesmal, wenn sie ihre phallisch konstituierte Stärke unter Beweis stellt, stürzt sie sich in eine Reihe von Verführungs- oder Opfer-Handlungen in Formen höchster weiblicher Hingabe, als wolle sie sagen: Seht her, ich habe ihn nicht, diesen Phallus!

Diese Krankengeschichte ist dem anzunähern, was Karen Horney über den Kastrationskomplex bei der Frau geschrieben hat; sie zeigt eine Kontinuität auf zwischen dem, was sich um den Kastrationskomplex herum anordnet, und gewissen Typen weiblicher Homosexualität, bei denen das Subjekt sich mit dem Vaterbild identifiziert.[30] Nach K. Horney ist der Penisneid, der unvermeidlich ist, weil er auf eine tatsächliche Minderwertigkeit antwortet, kein Hindernis für eine tiefe Liebesbindung an den Vater; allein das Scheitern dieser Beziehung würde zu einer Zurückweisung der Weiblichkeit führen, einer Zurückweisung, die durch den Penisneid bedingt, aber nicht begründet würde. Diese These und die dazwischen liegenden Fälle, die das illustrieren, unterstreichen, dass die Beziehung zum Vater in der Form eines Begehrens des Penis als realem Penis konstituiert wird, und zwar in den drei Zeiten des Ödipus. Zu einem bestimmten Zeitpunkt wird das kleine Mädchen dessen beraubt, was es erwartet; es kommt zu einem Umschlag: Was Liebe war, verwandelt sich in Identifizierung.

Wir werden bei diesem letzten Wort verweilen müssen. Denn schließlich ist das kleine Mädchen dadurch keineswegs in einen Mann umgewandelt worden! Die Identifizierung, die das Ich-Ideal hervorbringt, setzt nicht das Subjekt mit der Person des Vaters, sondern mit bestimmten signifikanten Elementen, deren Träger er ist, sagen wir, den *Insignien* des Vaters, in Beziehung: Folglich wird sich das Subjekt unter der Maske, unter den Insignien der Männlichkeit präsentieren; andererseits wird sich sein Begehren verwandelt finden: Das Subjekt reproduziert nicht die Beziehung zwischen Vater und Mutter; die Analyse findet vielmehr all die Wechselfälle der Beziehung des Kindes zur Mutter wieder, insbesondere die ursprünglichsten aggressiven Beziehungen und die aus dem etwaigen Hinzukommen von Geschwistern entstandene Rivalität; das belegen jene

Frauen, die ihrem Ehemann all das zum Vorwurf machen, was sie ihrer Mutter vorgeworfen hatten.
Man erkennt so, wie sich der Vorgang der Identifizierung herstellt, der das Ich-Ideal begründet: am Anfang haben wir ein auf die Mutter als ursprüngliches Objekt gerichtetes libidinöses Element; dann eine Beziehung zu einem dritten Term, dem Phallus, der ein differenzierendes Element, die Konkurrenz, einführt; schließlich nimmt das Kind eine Position ein, die zu der des Vaters symmetrisch ist.
Führen wir noch Helene Deutsch an, für die die phallische Phase beim Mädchen genau die Rolle spielt, die Freud ihr zuerkannt hatte, freilich unter der Bedingung, dass man sich ihr späteres Schicksal vergegenwärtigt. Für sie ist die Übernahme des Masochismus bezeichnend für die Frau. Eine Frau könnte eine ziemlich erfüllte Befriedigung ohne den geringsten Anschein einer Neurose allein in der mütterlichen Beziehung finden. Was die Befriedigung des Orgasmus angeht, ist sie soweit an die Dialektik der phallischen Privation gebunden, dass sich bei den Subjekten, bei denen eine Identifizierung mit dem Mann stattgefunden hat, eine zu weit getriebene Analyse sie nur um das bringen *(frustrer)* kann, was bis dahin an Genießen realisiert worden ist. Im Jenseits des genitalen Aktes, in der Mutterschaft, fände sich das Gravitationszentrum der weiblichen Befriedigung.[31]
Beim Mädchen wie beim Jungen stoßen wir in einem bestimmten Moment auf eine Beziehung zu einem Objekt, das durch seine Insignien zum Ich-Ideal werden wird. Doch muss man die Rolle verstehen, die die Privation dabei spielt. Das Begehren bezieht sich hier auf etwas, nämlich den väterlichen Penis, das beansprucht, *symbolisiert* werden kann. Die Art einer solchen Privation unterscheidet sich also deutlich von der einer Untersagung; was untersagt ist, wirft das Subjekt dahin zurück, wo es nichts finden kann, um sich zu signifizieren. In der Bildung des Ich-Ideals ist der Vorgang genau entgegengesetzt: Das dem Objekt, dessen es

beraubt ist, konfrontierte Subjekt konstituiert es als Signifikanten, als seine eigene Metapher.

*

Man hat den Kastrationskomplex psychologisiert, indem man immer weiter in der Entstehung der Angst zurückging: Angst vor dem Vater, narzisstische Angst (Angriff auf die körperliche Integrität), Angst vor dem weiblichen Organ – entweder als Sitz der Bedrohung oder als Vorbild für das Verschwinden des Penis – und schließlich Angst vor dem in der Tiefe des mütterlichen Organs verborgenen Phallus selbst, dem Bild der ersten Waffe des Kindes in seiner Aggression gegen die Mutter (M. Klein). So ist man dahin gekommen, den Kastrationskomplex zu isolieren und ihn auf einen primären aggressiven Trieb zu reduzieren.

Doch wenn der Kastrationskomplex diesen Wesenszug hat, den Freud und die analytische Erfahrung ihm zuerkannt haben, dann muss man ihn anders begreifen. Die Kastration ist nicht real, sie ist an ein Begehren gebunden, und sie betrifft ein Organ. Das heißt, damit dem Begehren das Durchlaufen bestimmter Phasen gelingt, muss der Phallus davon geprägt sein: Er wird nur in dem Masse aufrechterhalten und bewahrt, wie er die Kastrationsdrohung durchlaufen hat. Darin, in dieser Beziehung des Begehrens zur *Prägung (marque)* hat man das Wesentliche der Kastration zu suchen, mehr als in ihren Auswirkungen. Wir finden diese Prägung in den Beschneidungs-, Pubertäts- und Tätowierungsriten wieder: Bei jedem Zugang des Subjekts zu einer bestimmten Stufe des Begehrens wird es geprägt. Doch erst die Analyse macht den engen Bezug zwischen dem Begehren und der Prägung deutlicher, die nicht nur als ein Erkennungszeichen für den Hirten da ist. Zweifellos besteht von Anfang an im Begehren eine Kluft, die es dieser Prägung erlaubt, ihren spezifischen Einschlag anzunehmen. Die

Frage läuft auf die Funktion des Signifikanten beim Menschen hinaus. Die Beziehung zwischen dem Begehren und dem Signifikanten werden wir nun genauer erfassen müssen.

Wiedergabe durch J.-B. PONTALIS,
mit Zustimmung von Dr. J. LACAN.

III
SEMINARSITZUNGEN VON APRIL, MAI UND JUNI 1958

Worauf hat die Freudsche Entdeckung in ihren Anfängen den Akzent gesetzt? Auf den Wunsch *(désir)*[32], aber auf den Wunsch, wie er im Symptom oder im Traum erscheint, als an seine Erscheinung, als an eine Maske gebundene Problematik. Die analytische Erfahrung zeigt uns das menschliche Begehren nicht in einem schlichten und einfachen Verhältnis zum Objekt, das es befriedigen würde, sondern in der Hingabe an eine fundamentale Perversität: Genießen des Begehrens als Begehren; sie zeigt es uns auch als der Synthese des Ich entgehend, dem es nur die Illusion lässt, die Synthese zu behaupten; sie zeigt es uns schließlich und vor allem in ein tiefgehendes Verhältnis mit dem Begehren des anderen verwickelt. Das war bereits von Hegel ans Licht gebracht worden: Freud brachte noch den Begriff des unbewussten Begehrens hinzu. Heute, da die Psychoanalyse sich uns als ein ausgebildeter Diskurs anbietet, vergegenwärtigen wir uns nicht mehr die Tragweite einer solchen Entdeckung, deshalb ermessen wir den Wert mancher Deutungen Freuds schlecht, deren eingreifender, ja abwegiger Charakter verblüffend ist. Allein, wenn Freud beispielsweise Dora erklärt, sie liebe Herrn K., nimmt Dora nicht an, dass Freud dazu da sei, ihre Weltauffassung zu berichtigen und ihre Objektbeziehung zur Reife zu führen, – der heutige Analysierte wäre geneigt, das zu tun, er sieht in seinem Analytiker das Maß der Normalisierung seiner Person und empfängt dessen Deutungen wie Sanktionen. Die analytische Erfahrung stellte sich in ihren Anfängen, in ihrer Frische, ganz und gar anders dar.

Schauen Sie zum Beispiel den in den *Studien über Hysterie* berichteten Fall der Elisabeth von R. an. Von dieser Hysterikerin zu sagen, wie Freud das getan hat, sie sei in ihren Schwager verliebt und ihr Symptom – Schmerzen im Bein – habe sich um dieses unterdrückte Begehren herum kristallisiert, so liegt darin etwas Gezwungenes. Aber die Lektüre der Krankengeschichte lässt etwas anderes deutlich werden: Als erstes bezieht Freud darin das Auftauchen des hysterischen Symptoms auf die Funktion der Krankenpflege, die das Subjekt gegenüber einem seiner Nächsten ausübt, auf diese Passion, die den Pflegenden an den Gepflegten bindet und ihn in die Lage versetzt, mehr als bei jeder anderen Gelegenheit das befriedigen zu müssen, was man eindeutig als Anspruch bezeichnen kann; die völlige Unterwerfung des Subjekts im Verhältnis zum Anspruch wird hier als eine der wesentlichen Bedingungen der hysterogenen Situation erkannt.[33] Andererseits erkennt man hier das Interesse, das die Patientin für eine Begehrenssituation entwickelt hat, in die sie verwickelt ist, – eine Situation, zu der Freud sie vorzeitig hinführt, indem er ihr ihren Schwager als Objekt ihres Begehrens zuweist; (in Wirklichkeit interessiert Elisabeth sich für ihren Schwager vom Gesichtspunkt ihrer Schwester und für ihre Schwester vom Gesichtspunkt ihres Schwagers aus). Dieses Interesse für eine Beziehung und nicht für ein bestimmtes Objekt repräsentiert das Maskenhafte des Symptoms, dieses Symptoms, das während der Sitzungen »spricht«; Freud bemerkt es und bemisst sogar den Fortschritt der Analyse an der Modulation eines Schmerzes, der zum Diskurs des Subjekts gehört.[34]

Das Symptom ist etwas, das in die Richtung der Anerkennung des Begehrens geht, jedoch in Gestalt einer Maske, in einer geschlossenen Form, unlesbar, wenn niemand den Schlüssel dazu hat. Anerkennung des Begehrens also, aber Anerkennung durch niemanden. Und Begehren nach Anerkennung, aber verdrängt, ausgeschlossen und daher in gewissem Sinne Begehren nach nichts; deshalb ist die Intervention des Analytikers viel mehr als eine bloße Lektüre. Doppelcharakter des unbewussten Begehrens, das, falls man es mit seiner Maske identifiziert, seine Distanz gegenüber jeder auf ein Objekt gerichteten Strebung hinreichend kenntlich macht. Genau darin besteht der Schlüssel zu den klassischsten Entdeckungen der Psychoanalyse, zum Beispiel zu jenen Fällen, in denen die Liebe und das sexuelle Begehren völlig getrennt voneinander auftreten, wovon Freud in *Über die allgemeinste Erniedrigung des Liebeslebens** handelt.[35] Bekanntlich geht es um Subjekte, die nicht die Frau begehren, wenn diese für sie ihren vollen Status, liebenswert zu sein, genießt, sondern die nur Prostituierte begehren. Als Gegensatz zur Mutter, heißt es. Doch lässt sich mehr darüber sagen: In der Prostituierten wird der Phallus gesucht – der anonyme Phallus, der Phallus aller anderen Männer. Derartige Fälle bringen die wechselseitige und gebrochene Beförderung des Objekts des Begehrens in zwei Hälften ans Licht: Die Frau, insofern sie die Funktion der Mutter erbt, erfährt sich des Elementes des Begehrens enteignet, das an jenen auserwählten und problematischen Signifikanten gebunden ist, dessen Vorrang wir so manches Mal hervorgehoben haben (namentlich in unserer Diskussion der phallischen Phase): der Phallus. Folgende Frage stellt sich: Warum stoßen wir auf dem Weg der »genitalen Reifung« auf dieses Hindernis oder diese notwendige Engführung, die das Verhältnis zum Phallus ist – als Mangel für die Frau und als bedroht für den Mann? Ebenso stellt sich auch noch die Frage, die im Mittelpunkt eines der letzten

Aufsätze Freuds steht, der unrichtig mit *Analyse terminée ou interminable* [*Beendete oder unbeendbare Analyse*] übersetzt ist, während es sich doch um die Analyse handelt, insofern sie aufhört oder insofern sie in eine Art unendlichen Horizont gestellt werden muss und so enthüllt, was es letzten Endes für den Mann im Kastrationskomplex und für die Frau im *Penisneid** an Irreduziblem gibt.

Man versteht, weshalb der Analytiker, wenn er eingreift, Gefahr läuft, stets mehr zu tun, als er zu tun glaubt: er *bestätigt (homologue)*, er identifiziert dasselbe mit demselben, er setzt an die Stelle von diesem *niemand*, an den das Symptom adressiert ist, ein Objekt und läuft so Gefahr, das Begehren zu verkennen, das nicht Begehren eines Objekts, sondern Begehren jenes Mangels ist, der im anderen ein anderes Begehren bezeichnet. Wiederholen wir es: Es gibt keine richtige Annäherung ans Begehren, wenn man nicht erkennt: 1) sein Verwachsensein mit seiner Maske, nämlich dem Symptom; 2) seine Exzentrizität im Verhältnis zu jeder Befriedigung (was ihm eine gewisse Affinität zum Schmerz sichert, als ob es in seiner reinen und schlichten Form an den Schmerz zu existieren grenzen würde).

Das heißt, dass das Begehren nicht vollständig artikulierbar ist, das heißt nicht, dass es nicht artikuliert sei (wir meinen im Gegenteil, dass es sich buchstäblich nehmen lassen muss). Mit dem *Anspruch* sind wir im aktuell Artikulierten; indem er seinen Patienten nur sagt »Wir hören Ihnen zu«, begründet der Analytiker eine Anspruchssituation, einen Zugangsweg zum unbewussten Begehren. Aber man muss weiter zurückgehen zu dem, was ihn im Leben des Individuums begründet.

Der Anspruch ist zunächst an die Prämissen der Sprache gebunden, wie man es in jenem *Fort-Da**-Spiel sieht, das wir häufig kommentiert haben – ein Ausruf, der sowohl das Prinzip der Präsenz als auch der Endpunkt ist, der sie zurückzuweisen erlaubt, eine ursprüngliche symbolische

Parenthese, die bereits wertvoller ist als alle Güter, die sie enthalten kann, Güter, die das Begehren immer nur *erschlagen* können, wenn beispielsweise das vollgestopfte Kind träge wird. Unseres Erachtens stellt sich die erste Dialektik von Kind und Mutter nicht ausgehend von einem Partialobjekt (Mutter-Brust, Mutter-Nahrung) oder einem ganzen Objekt (durch eine nach und nach vollzogene Eroberung), sondern im Ausgang von jener Symbolisierung her, für die das *Fort-Da**-Spiel uns eine anschauliche Illustration bietet. Nun taucht aber in dieser symbolisierten mütterlichen Präsenz die Dimension der Maske auf; man nimmt sie an mehr als einem Zeichen wahr: an dieser Art Gerüst, welches das Kind zunächst im menschlichen Gesicht erkennt (Forschungen von Spitz), an diesem Lachen, das vor jedem Sprechen wie eine erste Mitteilung aufscheint, und das als Befriedigung nicht ausreichend definiert ist; das erste Lachen gilt einem Jenseits der Befriedigung, einem Jenseits der bedeuteten Präsenz der Mutter als derjenigen, die in der Lage ist, zu befriedigen. In anderen, unserem Schema vom Anfang entsprechenden Worten, wenn der Anspruch im sicheren Hafen jenseits der Maske nicht die Befriedigung, sondern die Botschaft dieser Präsenz antrifft, gibt es als eine Art Empfangsbestätigung das Lachen: Das Subjekt hat endlich die Quelle aller Güter vor sich. Deshalb können wir dort die ersten Wurzeln der Identifizierung finden. Der Anspruch ist an die identifikatorische, idealisierende Funktion gebunden, an das, was es an Signifikantem im anderen gibt: das Zeichen der Präsenz des anderen wird die Befriedigungen beherrschen, die diese Präsenz verschafft, als ob das menschliche Sein sich zu einem großen Teil mit Worten *(paroles)* abspeisen ließe. Beziehungsweise das Subjekt identifiziert sich mangels unmittelbarer Befriedigung mit demjenigen, der Zugang zum Anspruch haben kann.

Die Pawlow'sche Theorie erkennt zu Recht, damit von Sprache die Rede sein kann, die Notwendigkeit eines »zweiten Bedeutungssystems« jenseits der in der Einrichtung der konditionierten Reflexe im Spiel befindlichen Signale an. Den Signifikanten charakterisiert nicht, dass er an die Stelle eines Objekts gesetzt werden kann, das die Bedürfnisse des Subjekts befriedigt, sondern dass er an die Stelle seiner selbst gesetzt werden kann, was eine Verkettung, ein Gesetz, das die Signifikanten ordnet, voraussetzt. Man erkennt den Unterschied zwischen einem Signifikanten und einer Spur; die Fußspur Freitags würde nur in dem Moment zu einem Signifikanten, in dem Robinson sie auslöschen und nicht mehr zurücklassen würde als ihre vergangene Präsenz. Selbst im vollständig entwickelten Signifikanten, dem Sprechen, gibt es stets einen Übergang, etwas, das jenseits von jedem der artikulierten, ihrer Natur nach flüchtigen und verschwindenden Elemente ist. Darin besteht eine wesentliche Eigenheit des Signifikanten: er kann stets ausgestrichen *(barré)*, annulliert, seiner Funktion enthoben sein; umgekehrt, wenn wir das Imaginäre oder das Reale annullieren, erheben wir es (im Sinne von *Aufhebung**) zur Würde des Signifikanten (wir haben dafür ein Beispiel in der Phantasie *Ein Kind wird geschlagen*, in deren zweiter Zeit, gefunden: das Subjekt wird geschlagen, ein Zeichen dafür, dass es geliebt wird).

Diese knappe Erinnerung an die Beschaffenheit des Signifikanten dient der Bestimmung, uns die vorrangige Funktion des Phallus in der Ökonomie des Subjekts greifbar zu machen. Doch zunächst, warum ist von Phallus und nicht von Penis die Rede? Weil es sich nicht um eine Form oder ein Bild oder eine Phantasie handelt, sondern um einen Signifikanten, den Signifikanten des Begehrens. In der griechischen Antike wird er nicht als ein Organ, sondern als eine Insignie dargestellt; es ist das letzte bedeutungsvolle Objekt, das erscheint, wenn alle Schleier gelüftet sind, und alles, was sich darauf bezieht, ist Gegenstand von Amputationen, von Untersagungen (man kann in Pompeji, im Haus der Mysterien, in der Nachbarschaft des enthüllten *Phallos* einen geflügelten, gestiefelten, mit einer Peitsche bewaffneten Dämon sehen, der rituell einen der Empfänger züchtigt). Der Phallus repräsentiert das Eindringen des vitalen Dranges als solchen, das, was nicht in den Bereich des Signifikanten treten kann, ohne dort *ausgestrichen*, das heißt durch die Kastration verdeckt zu werden. Überraschenderweise führt die Kastration sich niemals direkt ein, etwa über ein Verbot der Masturbation – was beim kleinen Hans oder beim kleinen Gide[36] streng genommen ohne Wirkung bleibt. Auf der Ebene des Anderen, an dem Platz, an dem sich die Kastration im Anderen manifestiert, das heißt bei der Mutter – und dies sowohl für das Mädchen als auch für den Jungen – richtet sich das ein, was man den Kastrationskomplex nennt. Von der Ausstreichung geprägt ist gerade das Begehren des Anderen.

Für das kleine Mädchen stellt sich der Kastrationskomplex bekanntlich zunächst in der Form eines Vorwurfes, eines Grolls gegenüber der Mutter dar; hinzu kommen die gesamten vorausgegangenen Versagungen. Der Vater kommt hier nur in einer Vertretungsposition vor; der reale Penis des Vaters ist das symbolische Substitut dessen, worum sich das kleine Mädchen gleichsam betrogen *(frustré)* gesehen hat. Sie geht dann auf die Ebene der *Privation* über mitsamt der dadurch erzeugten Krise: entweder auf das Objekt – den Vater – verzichten oder auf die Triebe verzichten, indem sie sich mit dem Vater identifiziert. Das Dilemma der Frau wird sichtbar: Um die triebhafte Befriedigung der Mutterschaft zu finden, muss sie die Wege der substitutiven Linie durchlaufen – Penis, Kind –, auf der Linie ihres Begehrens jedoch besteht für sie bis zu einem bestimmten Grad die Notwendigkeit, jener Phallus zu sein, insofern er eben das Zeichen für das ist, was begehrt wird. Hier haben wir den Ursprung der tiefgreifenden *Verwerfung** der Frau, ihrer Zurückweisung als Sein, der »Verfremdung« *(»estrangement«)* ihres

Seins zu dem, als was zu erscheinen sie sich genötigt sieht. Denn insofern sie sich zur Schau stellt und sich als Begehrensobjekt anbietet, erfährt sie sich auf eine latente Weise mit dem Phallus, dem Signifikanten des Begehrens des anderen identifiziert.

Die Situation des Mannes, wenngleich sie zweifellos komischer ist, ist nicht günstiger. Für ihn stellt sich die Maskerade auf der Linie der Befriedigung ein; denn der Junge antwortet auf die Kastrationsdrohung mit der Identifizierung mit dem Vater, der den Anschein erweckt, der Gefahr entronnen zu sein. Männlich wird er folglich nur durch eine unbestimmte Reihe von Ermächtigungen. Doch auf der Linie seines Begehrens nimmt er sich als Instrument zur Befriedigung der Frau wahr, und er lernt so in Form einer *Verdrängung** die Spaltung kennen: Insofern er befriedigt, ist er nicht er selbst, da er geben muss, was er nicht *hat*, einem Wesen, das es nicht *ist*, – das könnte sehr gut die Liebe definieren.

*

Wir können nun das Wesentliche der Dialektik von Begehren und Anspruch zu Formeln verdichten. Eine Unterscheidung, von der wir zunächst wiederholen wollen, dass sie für jede Durchführung der Analyse notwendig ist, die nicht in eine auf dem Thema Frustration-Regression gegründete Spekulation abgleiten möchte. Hier also die Formeln, die drei Linien, die wir vorschlagen:

1. Linie:	d	$\rightarrow$	$\$\diamond a$	$\rightarrow$	$i(a)$	$\leftarrow$	m
2. Linie:	D	$\rightarrow$	$A\diamond d$	$\rightarrow$	$s(A)$	$\leftarrow$	l
3. Linie:	Δ	$\rightarrow$	$\$\diamond D$	$\rightarrow$	$S(\not{A})$	$\leftarrow$	φ

Die erste Linie formuliert das Verhältnis der narzisstischen Identifizierung zum Begehren: *d* bezeichnet darin das Begehren, *S* das (ausgestrichene) Subjekt, *a* den anderen als *alter ego*, als Ebenbildlichen, dessen Bild uns gefangen nimmt und uns stützt, *m* ist das Ich, das imaginäre Objekt.

Die zweite Linie betrifft das Verhältnis des Begehrens zum Sprechen im Anspruch (wie wir es im Beispiel des Witzes am Werk gesehen haben). *D* bezeichnet den Anspruch, *A* den Anderen als Sitz des Codes, Zeuge, Ort des Sprechens, auf den sich das Subjekt in seiner Beziehung zu einem anderen bezieht, *d* ist das Begehren; *s* ist das Signifikat, *s(A)* bezeichnet das, was im Anderen für mich Signifikatswert annimmt, mit anderen Worten, das, was wir die *Insignien* genannt haben. In Beziehung mit diesen Insignien stellt sich jene Identifizierung her, die zur Bildung des Ich-Ideals, *I*, führt.

Die dritte Linie betrifft das Verhältnis des Begehrens zu dem Signifikanten, den wir zu bestimmen suchen. Mit Δ bezeichnen wir das, wodurch sich das menschliche Subjekt in seinem Wesen als problematisches Subjekt in einem bestimmten Verhältnis zum Signifikanten situiert. *S* ist dieser Signifikant, *S(A)* bezeichnet also das, was der Phallus φ im Anderen an Signifikantem realisiert.

Schließlich – Notationen, die für alle drei Linien gelten – zeigt die kleine Raute ◇ ein Verhältnis zwischen dem Subjekt *S* und dem an, was im Anderen abläuft, ein Verhältnis, in dem das Ich des Subjekts *a'* und seine Objekte *a* notwendig impliziert sind:

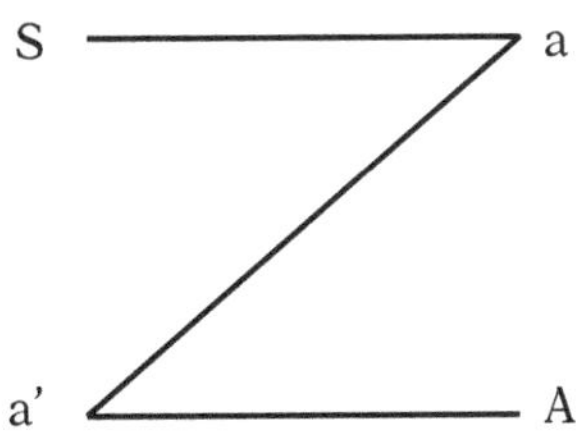

Was die Pfeile betrifft, so zeigen sie an, dass keines der drei Verhältnisse bis zum Ende verfolgt werden kann, wenn von einem der äußersten Enden ausgegangen wird: der richtunggebende Pfeil stößt auf einen anderen mit entgegengesetztem Vorzeichen.

*

Das Begehren ist nur deshalb so schwer aufzudecken, weil es von Anfang an im Anspruch entfremdet ist. Ursprünglich befindet sich das Kind aufgrund seiner Verfrühung und seiner Ohnmacht in völliger Abhängigkeit vom Anspruch; sein Begehren ist zu einer Vermittlung durch das Sprechen verurteilt, und dieses Sprechen hat seinen Rechtsgrund im Anderen. Nun ist zu Beginn der Abstand zwischen dem Subjekt und diesem Anderen gering: Bekanntlich hat Freud den symptomatischen Wert jenes Moments hervorgehoben, in dem das Kind seine Eltern mit der Macht ausstattet, all seine Gedanken zu kennen, weil seine Gedanken sich im Sprechen des Anderen bilden; daraus ergibt sich, dass die narzisstische Beziehung für einen permanenten Transitivismus offen ist.

Die genitale Phase stellt einen Fortschritt dar und gestattet es, aus einer absoluten Abhängigkeitsbeziehung herauszukommen, weil sie eine neue Dimension einführt: das Begehren des Anderen. Jenseits dessen, was das Subjekt beansprucht, jenseits dessen, was der andere vom Subjekt beansprucht, gibt es das, was der andere (die Mutter) begehrt. Wir haben wiederholt den Nachdruck auf das gelegt, was die Dimension des Begehrens definiert: verortet zu werden im Begehren des Anderen. Diese Dimension ist insbesondere in der *Traumdeutung** am Beispiel der Träume von Hysterikern deutlich gemacht worden; man wird sich unter anderem auf die Analyse des Traumes »der schönen Metzgersfrau«[37] beziehen können, die sich ein unbefriedigtes Begehren unabhängig vom Objekt eines jeden Bedürfnisses erschafft und die ihr Begehren nur in der Form des Begehrens ihrer Freundin annimmt.

Die Frage, die wir zu erhellen versuchen, ist im Grunde die folgende: Warum gibt es ein Jenseits des Anspruchs, warum gibt es ein Begehren? Provisorisch – denn wir werden das Problem des Begehrens im nächsten Jahr wieder aufnehmen – können wir uns die Dinge so vorstellen: Der Anspruch transponiert das Bedürfnis aufgrund der einfachen Tatsache, dass es artikuliert wird – eine Transposition, die so radikal ist, dass wir es in der Analyse niemals mit einem Bedürfnis zu tun haben, das nicht durch die Notwendigkeiten des Signifikanten gebrochen wäre. In dieser Umarbeitung liegt die Möglichkeit des Begehrens; es stellt sich in der analytischen Erfahrung als eine Art irreduzibler Rest dar, als Ergebnis des Abstandes zwischen der Forderung des Bedürfnisses und dem artikulierten Anspruch, der seinem Wesen nach Liebesanspruch ist. Etwas geht verloren, das jenseits des Anspruchs wiedergefunden werden muss. Nun ist der Anspruch wesentlich dadurch gekennzeichnet, dass er sich auf den Anderen bezieht, dass er ihn als anwesend oder abwesend setzt, dass er von seiner Antwort abhängt. Das Begehren, jenseits des Anspruchs, hebt diesen Vorrang des Anderen auf; es nimmt gegenüber dem Anderen die Form einer absoluten Bedingung an. In diesem Sinne ist es nicht auf den Anspruch reduzierbar; es ist prinzipiell nicht Beziehung zu einem Objekt, und in diesem Sinne ist es nicht auf das Bedürfnis reduzierbar.

Das sexuelle Begehren besetzt diesen so schwer zu bestimmenden Platz des Begehrens, weil es wesentlich problematisch ist; und zwar auf der Ebene des Bedürfnisses, indem es in das Individuum die Dialektik der Gattung einführt, sowie im Hinblick auf den Liebesanspruch: das ganze erbauliche Gequatsche, das man über die Oblativität fertiggebracht hat, verhindert nicht, dass der andere hier als Instrument des Begehrens ins Spiel kommt; jeder weiß, dass, wenn man das Begehren ausdrücken will, nur Schmarrn herauskommt... Das Begehren kann, insofern es Frage ist, nur in einem Anspruch artikuliert werden – welcher es auch sei. Aus eben diesem Grund stellt sich die Frage des Signifikanten des Begehrens: der Phallus ist dieser Signifikant, und als solcher ist er verschleiert, maskiert, kasteit.

*

Um zu schließen, werden wir kurz am Beispiel der Zwangsneurose die technische Bedeutung dieser grundlegenden Unterscheidung zwischen Begehren und Anspruch angeben. Der Platz des Begehrens ist immer zwiespältig: diesseits des Anspruchs, insofern es dem Terrain der Bedürfnisse entrissen ist, und jenseits von ihm, insofern es sich gegenüber dem Anderen absolut setzt und dabei fordert, von ihm als solches anerkannt zu werden. Beim Hysteriker lässt es sich in seinem Charakter wesentlicher Unbefriedigung als Begehren nach einem Begehren aufgreifen (weswegen jede Deutung, die ihm gilt, gezwungen erscheint). Der Zwanghafte ist ebenfalls auf das Begehren ausgerichtet, doch auf eine zweifelsohne weniger offenkundige Weise, denn dieses Begehren, dieses Jenseits des Anspruchs, auf das er abzielt, bringt die Zerstörung des Anderen mit sich. Ein zukünftiger Zwanghafter hat als Kind »fixe Ideen«, bestimmte Forderungen, die sich nicht wie seine anderen Ansprüche darstellen und die seinen Eltern unerträglich erscheinen; sie zeigen diesen unbedingten Charakter des Begehrens und sie verneinen den Anderen. Wenn der Zwanghafte die Barriere des Anspruchs durchbrechen möchte und ein bestimmtes Objekt um seines Begehrens willen sucht, stellt dieses Objekt, je mehr er sich ihm nähert, in seinen Augen umso weniger etwas dar. Sein Begehren ist stets im Schwinden begriffen. Der Zwanghafte schwankt also ständig zwischen zwei Forderungen: der Forderung, den Anderen zu erhalten – diesen Anderen, der die wesentliche Bedingung seiner eigenen Erhaltung als Subjekt ist – und der Forderung nach Zerstörung des Anderen. Die Klinik hat dieses Balancieren zwischen einem manifesten zerstörerischen Begehren und der Furcht vor einer als Vergeltung erfolgenden Zerstörung durch den Anderen freigelegt; der Zwanghafte zeigt und zeigt nicht: Es ist diese Zwiespältigkeit, die man als seine grundlegende Aggressivität bezeichnet. Tatsächlich befindet er sich in einer absoluten Abhängigkeit im Verhältnis zum Anderen.

Die »Lösungen«, die er dieser Abhängigkeit gibt, sind bekannt. Beispielsweise ist er stets damit beschäftigt, um *Erlaubnis* zu fragen, was ein Mittel darstellt, den in Gefahr gebrachten Anderen wiederherzustellen, und ein Mittel, die Frage des Verschwindens seines Begehrens zu lösen, indem er daraus ein gestütztes, vom Anderen untersagtes Begehren macht. Genauso verhält es sich mit dem Thema der *Leistung*: Der Zwanghafte versucht dadurch, die Erlaubnis des Anderen im Namen dessen zu erlangen, was er sehr wohl verdient hat, gleichzeitig findet er darin ein Mittel, eine grundlegende Angst zu bezähmen: Der Andere als Zeuge, der allein sein Begehren freigeben kann, ist das Wesentliche, das er um jeden Preis bewahren muss. Heben wir schließlich noch hervor, wie viele der Phantasien des Zwanghaften in Szenarien organisiert sind; sie stellen sich wie signifikante Ketten dar; sie werden ganz selten realisiert oder sind dann enttäuschend.

Es sind da einige der Wege angegeben, die der Zwanghafte von selbst findet, um auf das Paradox zu antworten, das für ihn wie für jeden Menschen sein Begehren darstellt. Ein Paradox, das heutzutage zumeist verkannt wird, wenn man das Begehren schlicht und einfach auf den Anspruch auf Befriedigung reduziert, so wie er sich in der dualen Beziehung zum Analytiker artikuliert. Wenn man sich auf einige Krankengeschichten bezieht[38], wird man sehen, wie die

Deutung sogar darauf abzielt, den Anspruch zu reduzieren statt ihn zu erhellen. Wir werden diese Krankengeschichten und ihre Kritik hier nicht im Detail erörtern; wir werden uns auf einige zunächst allgemeine, dann spezifische Bemerkungen zur Zwangsneurose beschränken und uns dazu mit einem Schema behelfen.

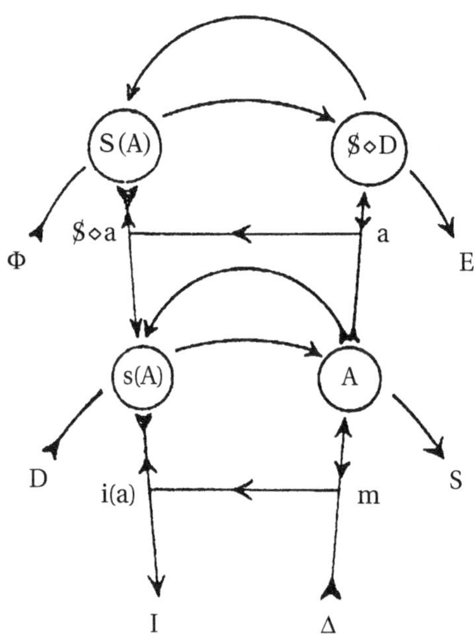

Wir haben weiter oben den Sinn der Buchstaben und der Symbole definiert, die in diesem Schema auftauchen. Der Buchstabe E auf der oberen Linie soll fürs erste nur den Endpunkt eines Durchlaufs bezeichnen.

Man kann die Mechanismen des Unbewussten, die das Fundament der Freudschen Erfahrung und Entdeckung sind, nicht analysieren, indem man die Lösung der Spannungen an die Reifung der Triebe und an die Entwicklung der imaginären Identifizierungen bindet. Um bei der Fixierung des Begehrens und der intersubjektiven Organisation von Fortschritt sprechen zu können, muss man sie im Verhältnis zum Signifikanten situieren. Dies ist die erste *raison d'être* des Schemas, das uns zwar nicht eine räumliche Darstellung der Struktur des Unbewussten, aber deren Artikulation gestatten soll.

Auf welcher Ebene vollzieht sich die Handlung des Analytikers? Zwischen den beiden querlaufenden Linien, die jene Linie schneiden, auf der das Bedürfnis den Diskurs des Subjekts in Gang setzt; jeder Anspruch auf Befriedigung eines Bedürfnisses muss die Engführungen des Signifikanten durchlaufen. Die Unterscheidung zwischen den beiden Etagen hat selbstverständlich keinerlei hierarchischen (höhere und niedere Funktionen) oder chronologischen Sinn: Was auf jeder von ihnen geschieht, geschieht simultan, und wir trennen sie nur einer topologischen Notwendigkeit wegen. Unsere Unterscheidung veranlasst uns als erstes, die klassische Unterscheidung zwischen Suggestion und Übertragung wiederaufzunehmen und zu fundieren.

Die Analyse mit ihrem Horizont einer Nicht-Antwort zwingt den Analysierten, seinen Anspruch zu artikulieren, ihn zu erneuern. Was man unter dem Namen analer oder oraler Regression bezeichnet, ist die Skandierung dieser Artikulation; es ist keine reale Rückkehr zu einem früheren Stadium und auch keine Kompensation, nicht einmal symbolisch, einer Frustration: Man sieht im Diskurs des Analysierten Signifikanten wiederauftauchen, die in einer gegebenen Etappe seiner Entwicklung gebildet wurden und die ihm damals dazu dienten, seinen Anspruch zu artikulieren; diese Signifikanten werden durch die Öffnung, die dem Diskurs des Subjekts die Tatsache gewährt, schlicht nur Sprechen zu sein, wiedereingeholt. Ebenso ist das, was man Fixierung nennt, die durch eine derartige Form von Signifikanten gewahrte Vorherrschaft (wenn das Subjekt an Bilder außerhalb ihres Textes gebunden bleibt, so bedeutet das, dass sie für es eine signifikante Funktion haben).

Ein Anspruch aber wird niemals innerhalb der Grenzen einer dualen Beziehung erfüllt; er zielt jenseits des anderen als realer oder imaginärer Person auf dessen symbolisiertes Sein. Bevor ein Objekt geliebt wird (im erotischen Sinne des Ausdrucks), erschafft die bloße Position des Anspruchs den Horizont des Liebesanspruchs; und hinter dem ursprünglichsten Anspruch, dem auf die mütterliche Brust, steht dieser Liebesanspruch, ein absoluter Anspruch, der eine Verdopplung des Anderen bewirkt: in ein Objekt, das fähig ist, diese oder jene Befriedigung zu geben, und ein symbolisches Sein, das die Dialektik der Anwesenheit auf dem Grunde einer Abwesenheit einführt.

Wir wissen nicht, was jenem Anderen, dem der Anspruch uns unterwirft, unser Anspruch ist, denn wir kennen sein Begehren nicht. Es wird ersichtlich, dass das, was wir ein Subjekt nennen und mit *S* bezeichnen, etwas anderes ist als ein Selbst, ein *self*. Das *self* wird nur deshalb zum Subjekt, weil es durch diese Unterordnung unter den Anderen (*A*) als Ort des Sprechens geprägt wird, und weil dieser Andere selbst von den Bedingungen des Signifikanten geprägt ist. Nun ist uns der Andere, der jedes Mal angerufen wird, wenn es Sprechen gibt, auch als Subjekt gegeben, das uns selbst als seinen anderen denkt: Wie nimmt er unseren Anspruch auf? Wenn er nicht mehr antwortet, ist das Sub-

jekt also an seinen eigenen Anspruch zurückverwiesen; das genau geschieht in der Analyse.
Wie können unsere beiden querlaufenden Linien als unterschiedene aufrechterhalten werden? Durch die Abstinenz des Analytikers, der sich weigert, den Anspruch zu erfüllen, und weil sie für das Subjekt tatsächlich durch das Feld des Begehrens getrennt sind. Das mindeste, das man vom Analytiker fordern kann, ist also, dass er nicht die Vermischung begünstigt. Die Suggestion hat ihren Ort auf der Ebene des Anspruchs, den der Analysierte gegenüber dem Analytiker erhebt. Die Übertragung unterscheidet sich davon bekanntlich zunächst darin, dass sie gedeutet wird. Freud hielt es für legitim, die Macht der Suggestion, die die Übertragung verleiht, zu gebrauchen, damit eine Deutung einen Übergang findet. Wir meinen, dass es gleichwohl möglich ist, den Kreis der Suggestion zu verlassen, eben weil die Übertragung sich nicht auf den Gebrauch einer Macht reduziert, und weil sie den Ausweg einer anderen signifikanten Artikulation anbietet als derjenigen, die das Subjekt in den Anspruch einschließt. Zudem muss man diese Möglichkeit zu ergreifen wissen, denn die Zwiespältigkeit zwischen der Linie der Übertragung und der Linie der Suggestion bleibt dauernd bestehen. Das Subjekt lässt sich im Verhältnis zu seinem eigenen Anspruch nur als ausgestrichenes Subjekt situieren, das geprägt ist von jener *Spaltung**, die das menschliche Subjekt ausmacht, und das sein Begehren im Begehren des Anderen verortet. Der Phallus hat hierbei die von uns unaufhörlich herausgestellte vorrangige Position: Er repräsentiert den Aufstieg der vitalen Kraft, die in der Ordnung der Signifikanten Platz nimmt; er ist der eigens delegierte Signifikant, um die Beziehung des Subjekts zum Signifikanten zu repräsentieren; er bezeichnet das, was der Andere begehrt, insofern er in seiner Ökonomie eines wirklichen Seins vom Signifikanten geprägt ist.

Die Übertragung existiert in bezug auf die übergeordnete Linie φ E; sie erschafft dieses offene Feld, in dem die eigentlich analytische Handlung ausgeübt werden kann. Dort kann das Paradox des Begehrens anerkannt werden.

Das Paradox des Begehrens besteht darin, dass es die Metonymie eines Diskurses des Seins ist, worin das Subjekt sich nicht erkennen kann – die Linie φ E als Ort der *Urverdrängung** –, weil es nicht als Subjekt, sondern als Signifikant dort impliziert ist. Als solches ist das Begehren im Sprechen nicht artikulierbar, selbst wenn es in sprachlichen Ausdrücken artikuliert ist, die es in imaginären Koordinaten situieren.

Über das Begehren des Anderen erhält es den Zugang und führt sich so an dem durch die Struktur bestimmten Ort, nämlich zwischen der Bedingung des Anspruchs und dem Aufruf ans Sein, in die Genese ein. Das ist so beim Zwanghaften wie bei jedem anderen, nur dass sein Anspruch die Zerstörung des Begehrens des Anderen fordert. Von dorther rührt das, was man den Mechanismus der Annullierung seines Begehrens nennt. Dieses Begehren verschwindet in eben dem Masse, wie er sich dem Begehren des Anderen nähert, das er jedoch in einem bestimmten Abstand – wenn man diesen Ausdruck verwenden will – aufrechterhalten muss, ein Abstand freilich vom Begehren und nicht, wie es heißt, ein Abstand vom Objekt. Der Zwanghafte zieht sich in die Festung seines Ich zurück, um zu versuchen, den Platz seines Begehrens zu finden.

So überaus beharrend sein Anspruch auch ist, unterbricht er sich dennoch, sobald er seine Artikulation beginnt, und mündet in ein Verlangen nach dem Tod *(demande de mort)*, jenem Anspruch, der am Horizont aller Ansprüche des Zwanghaften steht (was wir seine Aggressivität nennen) und der Gefahr läuft, in einem Tod des Anspruchs *(mort de la demande)* zu enden. Denn das, was der Zwanghafte annulliert, sind Signifikanten; das, was er isoliert, sind Teile des

Diskurses, die er in dem, was ihn infolge seines Anspruches selbst zerstört, bewahren muss; stets muss er irgendwie den Anderen erhalten. Dadurch erklärt sich seine Ambivalenz oder besser sein Balancieren zwischen der Erhaltung des Anderen und dem Begehren, ihn zu zerstören.

Das Begehren des Zwanghaften wird demnach in verleugneter Form auftreten, und das durch den Phallus symbolisierte Begehren des Anderen wird Gegenstand einer *Verneinung** werden. Was gleichwohl nicht ohne Schuldgefühl geht. Man spricht heutzutage kaum mehr vom Schuldgefühl, als ob der Begriff Über-Ich alles überdecken würde – was vielleicht nicht zur Erhellung der Dinge beiträgt. Tatsächlich sollte man hier zwischen drei Ebenen unterscheiden: das Gebot, verhüllt beim Zwanghaften (das Beispiel des *Rattenmannes*) und manifest beim Psychotiker, der Gebote gleich Gesetzen des Sprechens empfängt; die Schuld im eigentlichen Sinne, ein Anspruch, der als verboten empfunden wird, weil er das Begehren tötet (alles, was an das Begehren gebunden ist, hat für den Zwanghaften diese Aura von Schuld); schließlich eine dritte Ebene, diejenige des mütterlichen, archaischen Über-Ich, die Ebene, auf der die Abhängigkeit im Verhältnis zum Anderen vollständig ist.

Für den Hysteriker besteht das Problem darin, sein Begehren an einen Zug, ein Insignie zu fixieren (fixieren: im Sinne eines optischen Apparates); dem Begehren gegenüber gibt es eine Stütze, den Punkt, an dem er sein Objekt fixiert (imaginäre Identifizierung). Dieser Punkt, $S \diamond a$, ist für den Zwanghaften von einem Phantasma besetzt, und in diesem Phantasma erscheint das phallische Objekt. Betrachtet man es jedoch nur auf dieser Stufe, in $S \diamond a$, so beschränkt man letztlich sein Handeln auf die Ebene der Suggestion oder auf die der suggestiven Intervention im Rahmen einer Zweierbeziehung. Aus diesem Grunde sieht man mit Erstaunen, dass manche Autoren die Kur der Zwangsneurose um eine Einverleibung kreisen lassen, um eine imaginäre Introjektion des Phallus. Prinzipiell sollte das Objekt, das nach und nach alle Potenzen der Furcht auf sich konzentriert hat, aufgrund eines Insistenzeffekts der Behandlung zu dem Symbol werden, über das sich eine genitale Beziehung herstellen lässt: eine Umkehrung, die eine Phase ermöglichen soll, in der der Abstand zum Objekt auf der phantasmatischen Ebene annulliert wird, um dann progressiv zurückgewonnen zu werden. Das Ganze läuft auf eine Werbung für das Thema der Oblativität hinaus – was genau ein zwanghaftes Phantasma ist und das entwischen lässt, was es im Problem des Begehrens zu lösen gilt.

Gleiches zeigen manche Analysen von zwanghaften Frauen, die ganz auf das neidvolle Verlangen, ein Mann sein zu wollen, ausgerichtet sind – doch ohne dass sie gänzlich zu einer entsprechenden Überzeugung gelangen. Hier lässt man unserer Ansicht nach alles, was zur Ordnung der Hervorbringung des Begehrens gehört, auf die Ebene des Anspruchs regredieren. Das kann bestenfalls ein Mittel sein, die imaginäre Problematik der Kranken ins Gleichgewicht zu bringen, aber keine Besserung, wie man es an den zwanghaften Formen eines *acting out* und an den plötzlichen homosexuellen Verliebtheiten erkennt, die plötzlich als Botschaften, als Anspielungen auf den Analytiker im Laufe eines verfehlten Versuchs zur Lösung des Problems von Anspruch und Begehren auftreten.

Was es tatsächlich anzuerkennen gilt, ist die Funktion des Phallus, nicht als Objekt, sondern als Signifikant des Begehrens, in allen seinen Schicksalen. Das genitale Begehren muss, um vom menschlichen Subjekt angenommen zu werden, von der Kastration geprägt sein. Freud hat in einer seiner letzten Schriften den Vorrang des Kastrationskomplexes unterstrichen; er hat darin die Grenze der Analyse als den Punkt bezeichnet, an dem der Mensch den Phallus nur *haben* kann aufgrund dessen, dass er ihn *nicht hat*. Wir wollen nur hinzufügen, dass die Lösung des Problems der

Kastration nicht in dem Dilemma: ihn haben oder ihn nicht haben, enthalten ist; das Subjekt muss zuerst anerkennen, dass es nicht der Phallus *ist*. Nur von dort aus wird es, Mann oder Frau, seine natürliche Position normalisieren können.[39]

Wiedergabe durch J.-B. PONTALIS

ANMERKUNGEN

1 Vgl. J. Lacan, »Introduction au séminaire sur La lettre volée«, in: *La Psychanalyse*, Bd. II [in: *Écrits*, Seuil, Paris, 1966, S. 44-54; dt. »Das Seminar über E. A. Poes ›Der entwendete Brief‹, Einführung«, übers. v. Rodolphe Gasché, in: *Schriften I*, hg. von Norbert Haas, Suhrkamp, Frankfurt am Main, 1975, S. 44-54 – A. d. H.]

2 Vgl. Teil I

3 S. Freud, *Der Witz und seine Beziehungen zum Unbewussten*, *G.W.* VI

4 S. Freud, *Der Witz...*, op. cit., S. 14 ff. (A. d. Ü.)

5 S. Freud, *Der Witz...*, op. cit., S. 116 (A. d. H.)

6 Vgl. zu dieser ganzen Passage: J. Lacan, »L'instance de la lettre dans l'inconscient«, in: *La psychanalyse*, Bd. III [in: *Écrits*, op. cit., S. 493-528; dt.» Das Drängen des Buchstaben im Unbewussten oder die Vernunft seit Freud«, übers. v. Norbert Haas, in: *Schriften* II, hg. von Norbert Haas, Walter, Olten, 1975, S. 15-55 – A. d. Ü.]

7 In: *G.W.* IV, S. 5. Die Lektüre dieses Kapitels ist für das Verständnis dieses Abschnittes unerlässlich. Dasselbe Beispiel – das Vergessen von Signorelli – wurde von Freud bereits in einem früheren Aufsatz analysiert: »Vom psychischen Mechanismus der Vergesslichkeit« [in: *Monatszeitschrift für Psychiatrie und Neurologie*, 1898; *G. W.* I, S. 519-527 – A. d. Ü].

8 S. Freud, *Der Witz...*, op. cit., S. 19 (A. d. H.)

9 ›Femmillionnaire‹ (›la femme‹, die Frau) und ›famillionnaire‹ sind Homophonien. (A. d. Ü.)

10 In der Zusammenfassung von J.-B. Pontalis wird das Zitat irrtümlich Kuno Fischer zugeschrieben. (A. d. H.)

11 S. Freud, *Der Witz...*, op. cit., S. 15 (A. d. H.)

12 S. Freud, *Der Witz...*, op. cit., S. 16 f. (A. d. Ü.)

13 S. Freud, *Der Witz...*, op. cit., S. 48 f.

14 Guy de Maupassant, *Bel ami* (A. d. Ü.)

15 Pas-de-Calais ist eine geographische Bezeichnung der Straße von Dover. (A. d. Ü.)

16 Siehe unten, Teil III, Anm. 10 (A. d. H.)

17 Vgl. S. Freud, *Der Witz...*, op. cit., S. 200 (A. d. H.)

18 S. Freud, *Der Witz...*, op. cit., S. 172 (A. d. H.)

19 ›Pas-de-sens‹ kann auch ›kein Sinn‹ bedeuten. (A. d. Ü.)

20 Vgl. S. Freud, *Die Traumdeutung*, *G. W.* II/III, S. 289 (A. d. H.)

21 Im Französischen wird das Gebot durch das Tempus des Futurum I ausgedrückt und ist also formal von der bloßen Prophezeiung nicht zu unterscheiden (das gilt auch für den Text der *Zehn Gebote*). (A. d. H.)

22 ›Faire la loi à quelqu'un‹ heißt: jemandem befehlen, Vorschriften machen, seinen Willen aufzwingen. Um in der Übersetzung den Bezug auf das *Gesetz* wiederzugeben, ist eine »wörtlichere« Variante gewählt worden. (A. d. Ü.)

23 D. Winnicott,» Transitional Objects and transitional phenomena«, in: *International Journal of Psycho-analysis,* 34 Jg., 1953, Nr. 1, S. 81-101

24 Der Brief vom 6. 12. 1896 an W. Fliess wird in der neuen Ausgabe als Brief 112 gezählt: S. Freud, *Briefe an Wilhelm Fliess. Ungekürzte Ausgabe*, hg. von Jeffrey Moussaieff Masson, S. Fischer, Frankfurt am Main, 1986 (A. d. Ü.).

25 S. Freud, »Ein Kind wird geschlagen. Beitrag zur Kenntnis der Entstehung sexueller Perversionen«, *G.W.* XII, S. 197-226

26 »Enfant désiré ou non«, was freilich auch das erwünschte oder Wunschkind bzw. das unerwünschte oder ungewollte Kind meint. (A. d. H.)

27 Man wird diese Analyse entwickelt finden in: J. Lacan, »Jeunesse de Gide ou la lettre et le désir«, in: *Critique,* April 1958, Nr. 131, S. 291-315 [in: *Écrits*, S. 739-764 – A. d. H.].

28 Die drei wichtigen Artikel, die Ernest Jones der weiblichen Sexualität gewidmet hat – »The early development of female sexuality« (1927), »The phallic phase« (1932), »Early female sexuality« (1935) – finden sich in seinen *Papers on Psycho-analysis* [dt. »Die erste Entwicklung der weiblichen Sexualität«, in: *Internationale Zeitschrift für Psycho-*

analyse, 14. Jg., 1928, S. 11-25; *Die phallische Phase,* in: *Die Theorie der Symbolik und andere Aufsätze,* mit einem Vorwort von Peter Krumme, Ullstein, Frankfurt am Main/Berlin/Wien, 1978, S. 262-301; »Über die Frühstadien der weiblichen Sexualentwicklung«, in: *Internationale Zeitschrift für Psychoanalyse,* 21. Jg., 1935, S. 331-341. A. d. H.].

29 J. Riviere, »Womanliness as a masquerade«, in: *International Journal of Psychoanalysis,* 10. Jg., 1929, S. 303-313 [dt. »Weiblichkeit als Maske«, in: *Internationale Zeitschrift für Psychoanalyse,* 15. Jg., 1929; »Weiblichkeit als Maskerade«, in: Liliane Weissberg (Hg.), *Weiblichkeit als Maskerade,* S. Fischer, Frankfurt am Main, 1994, S. 34-47. A. d. H.]

30 K. Horney, »Zur Genese des weiblichen Kastrationskomplexes«, in: *Internationale Zeitschrift für Psychoanalyse,* 9. Jg., 1923

31 H. Deutsch, »The Significance of masochism in the mental life of women«, in: *International Journal of Psycho-analysis,* 12. Jg., 1930, Nr. 1

32 Im unmittelbaren Rückbezug auf die Freudsche *Traumdeutung* wird *désir* mit Wunsch wiedergegeben, auch wenn sich die beiden Worte bekanntlich theoretisch/terminologisch nicht decken. (A. d. Ü.)

33 S. Freud, *Studien über Hysterie,* G. W. I, S. 228 f.

34 »Allmählich lernte ich diesen geweckten Schmerz als Kompass gebrauchen«; S. Freud, *Studien über Hysterie,* S. 212.

35 S. Freud,» Beiträge zur Psychologie des Liebeslebens: II. Über die allgemeinste Erniedrigung des Liebeslebens«, *G.W.* VIII, S. 78-91

36 Vgl. J. Lacan, »Jeunesse de Gide...« (Anm. 27)

37 S. Freud, *Die Traumdeutung,* G. W. II/III, S. 152 ff. Wir entwickeln dies Beispiel hier nicht, das man ausführlich in dem von Dr. Lacan auf dem Kolloquium von Royaumont gegebenen Bericht kommentiert findet [Vgl. »La direction de la cure et les principes de son pouvoir«, in: *Écrits,* S. 585-645, v. a. S. 620 ff.; dt. »Die Ausrichtung der Kur und die Prinzipien ihrer Macht«, übers. v. Norbert Haas, in: *Schriften I,* S. 171-236, v. a. S. 210 ff. – A. d. Ü.].

38 Vgl. in der *Revue Française de Psychanalyse* die Arbeiten, die Monsieur Bouvet der Zwangsneurose gewidmet hat.

39 Dieses Thema findet sich wiederaufgenommen und erweitert im Bericht von Royaumont. [vgl. Anm. 37]

Jacques Lacan
Das Begehren und seine Deutung

I
SEMINARSITZUNGEN VOM 12., 19. UND 26. NOVEMBER, VOM 3., 10. UND 17. DEZEMBER 1958 UND VOM 7. JANUAR 1959

Im Mittelpunkt der Psychoanalyse als Behandlung und als Theorie finden wir das Begehren. In den Mechanismen des Begehrens hat Freud die Triebkräfte der Symptome, der Hemmungen und der Angst erkannt, und mit dem Namen Libido hat er die psychische Energie des Begehrens bezeichnet. Dass man diese Libido nun bei einem Autor wie Fairbairn als »object-seeking«, auf der Suche nach dem Objekt und nicht mehr der Lust, »pleasure-seeking«, definiert sieht, ist frappierend. Ein bedeutungsvolles Gleiten: In der gesamten aktuellen Begriffsbildung ist das Wort Begehren selbst wie verschleiert. Was gewinnt man, wenn man es wieder einführt?

Wir brauchen zum Beispiel nur von *genitalem Begehren* anstelle von *genitalem Objekt* zu sprechen, und sogleich wird die Vorstellung einer Libido, die durch eine Art prästabilierter Harmonie an das Objekt gebunden und ohne weiteres der Realisierung der Einheit von Liebe und Begehren geweiht ist, viel weniger einleuchtend. Ein anderes Beispiel: Das Phänomen Übertragung wird heutzutage allzu häufig durch eine lasche Referenz auf den Terminus Affektivität maskiert, welche ihre Verschwommenheit in zwei Reihen von Gefühlen, einer positiven und einer negativen, anordnet; es ist besser, von sexuellem Begehren und von aggressivem Begehren gegenüber dem Analytiker zu sprechen und sich klarzumachen, dass das nicht die ganze Übertragung ist.

Was die Natur des Begehrens angeht, sollten wir, sofern wir uns nicht ganz eng an die analytische Erfahrung halten möchten, die Dichter befragen. Sie bezeugen nämlich das tiefgehende Verhältnis zwischen Begehren und Sprache und zeigen zugleich – auch das hat der Analytiker zu berücksichtigen –, wie wenig sich das dichterische Verhältnis zum Begehren mit der Schilderung ihres Gegenstandes in Übereinstimmung bringen lässt: Das Begehren wird durch die sogenannte metaphysische Dichtung besser evoziert (lesen Sie *The ecstasy* von John Donne) als in der bildhaften, angeblich darstellenden Dichtung.

Und die Philosophen? Wir stoßen zunächst auf die hedonistische Tradition, die – um die Unterscheidung zwischen »pleasure-seeking« und »object-seeking« aufzunehmen – eine Äquivalenz zwischen Lust und Objekt annimmt oder zumindest die Lust unter die vom Subjekt erstrebten Güter einreiht, ja, aus ihr sogar das höchste Gut macht. Dieser Hedonismus wird trotz des Paradoxes, das jede angebliche Konvergenz von Lust und Gut darstellt, in der Ethik der Philosophen immer gegenwärtig bleiben. Mit Bezug auf Aristoteles kann man sehen, dass eine solche Konvergenz tatsächlich nur innerhalb einer Ethik des Herrn, einer egkrateia, realisiert werden kann. Diese Herrschaft lässt sich an allem ausüben, was Gewohnheit ist; sie ist Handhabung und Gebrauch des Ich. Ebenso erkennt Aristoteles an, dass die Begierden *(désirs)* – epiqumiai – außerhalb des Feldes der Herrschaft liegen: Bestialität oder Perversion. Der Herr kann dafür nicht verurteilt, nicht verantwortlich gemacht werden.[1]

Schlagen wir das *Vocabulaire philosophique* von Lalande auf: *Le désir* wird darin negativ, durch *Abzug* der dem Willen zuerkannten Merkmale, definiert.[2] Eine Definition, die für uns insofern interessant ist, als sie die Schwierigkeit hervorhebt, ausgehend von rein objekthaften Bezügen das Begehren zu situieren. Unbestreitbar bringt die Psychoanalyse mit den Begriffen Trieb und Phantasma – auf die wir zurückkommen werden – dafür genauere Artikulationen bei.

*

Das Begehren und seine Deutung: Das *und* bezeichnet hier mehr als eine Nebeneinanderstellung, nämlich ein Band der Kohärenz. Es ist das zentrale Problem, zu dem uns unsere Arbeit der vorangegangenen Jahre führt, wenn es denn stimmt, dass die Psychoanalyse uns im Wesentlichen die Abhängigkeit des Menschen im Verhältnis zur Sprache zeigt, insofern er ins Konstituierende der signifikanten Kette einbezogen ist, mit der Folge, dass sie eine Spaltung innerhalb der Psychologie hervorruft. Es gibt in der Tat ein ganzes Feld der Psychologie, das die Untersuchung einer Sensibilität als Funktion der Aufrechterhaltung einer Totalität oder einer Homöostase (die experimentellen Gegebenheiten der Psychophysik, die Gestaltpsychologie) abdeckt. Gewiss gibt es innerhalb des Paares Reiz-Reaktion durchaus Zeichen, nämlich Reizsubstitute – Reize, die sich im übrigen selbst als dem Organismus, der antworten und sich wehren muss, gegebene Zeichen beschreiben lassen. In dem Masse jedoch, wie die Subjektivität in die Sprache einbezogen ist, erlegt sich ihr die Struktur des Signifikanten auf und ist sie nicht auf den Reiz-Reaktions-Zyklus reduzierbar. Denn ein Signifikant zählt nicht, insofern er anderes repräsentieren würde, sondern im Verhältnis zu einem anderen Signifikanten, der er nicht ist (was Saussure seine diakritische Funktion nannte). Erinnern wir daran, dass die signifikante Kette jene basale Struktur ist, die jede Sprachäußerung einer die Aufeinanderfolge differentieller Elemente regelnden *Diachronie* unterwirft; was wiederum eine *Synchronie*, nämlich die Existenz einer gewissen signifikanten Batterie impliziert.

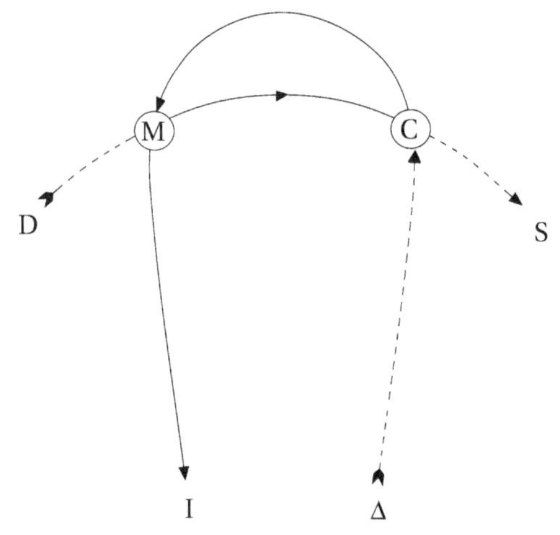

Schema 1

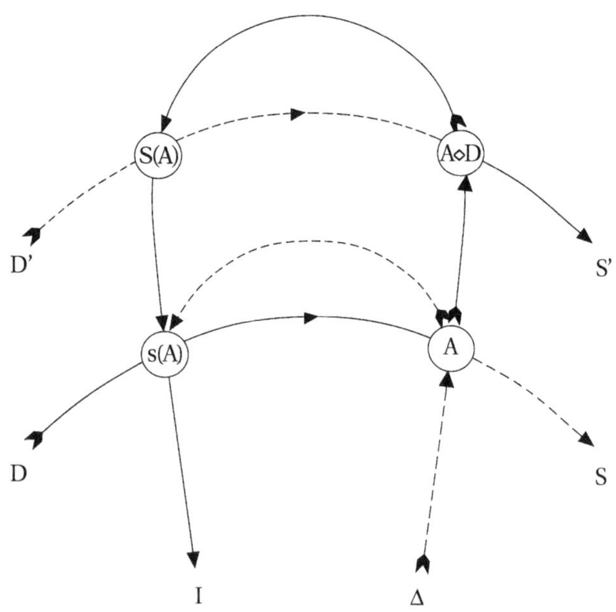

Schema 2

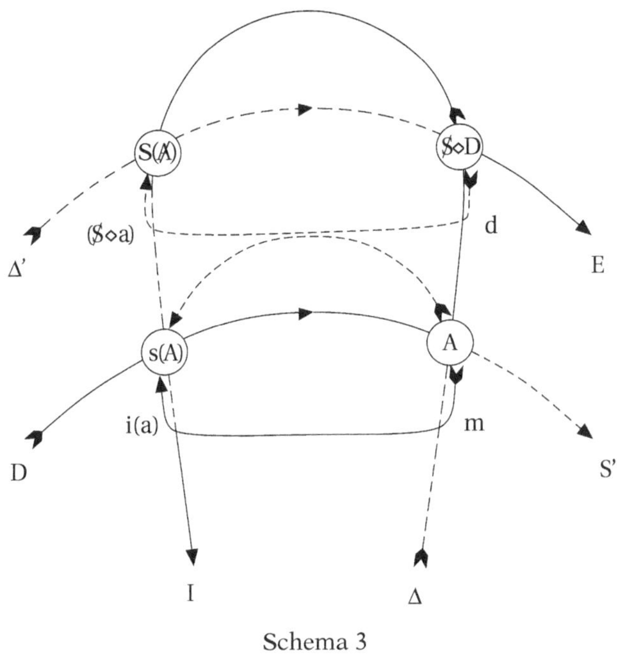

Schema 3

Nachdem wir dies in Erinnerung gerufen haben, schlagen wir drei Schemata vor, die nicht die realen Etappen einer Entwicklung, sondern eine logische Ordnung darstellen.

Erstes Schema: Es führt die Topologie der Beziehung des Subjekts zum Signifikanten ein, reduziert auf das, was sich an der sprachlichen Tatsache beobachten lässt. Dies setzt voraus: *a)* eine gerichtete diachronische Aufeinanderfolge diskreter Elemente, die hier durch die gestrichelte Linie eines Vektors DS symbolisiert wird.

b) Das Umschließen einer Bedeutung durch eine Rückwirkung von Signifikanten auf ihre Vorgänger in der Kette; diese Wirkung wird durch die Intentionalität eines Subjekts gesteuert – von der man annehmen kann, dass sie primär aus seinem Bedürfnis entstanden ist. Dadurch erklärt sich die (von uns als ein »Steppunkt« *(»point de capiton«)* bezeichnete) rückläufige Überschneidung, die die – in unserem Schema durch den gerichteten Vektor ΔI repräsentierte – Intention auf die signifikante Kette ausübt.

Das Schema hebt die Funktion der beiden Punkte hervor, in denen sich die Vektoren überschneiden. In C ist der *Ort des Codes*: das synchronische System der Signifikanten, das für das Subjekt den Zugang zur gesuchten Befriedigung kontrolliert und so dem Bedürfnis rückwirkend eine gebrochene Struktur auferlegt, nämlich die seines Überganges in die »Sprachmühle« *(»moulin à paroles«)*. In M ist der *Ort der Botschaft*: in ihr vollendet und behauptet sich die Bedeutung mittels einer Antizipation des Subjekts in seiner Wahl des Signifikanten; denn die Botschaft nimmt ausgehend vom Code, der ihr vorausliegt, Gestalt an. Der Ort des Codes ist im Anderen und zwar zunächst im realen Anderen der ersten Abhängigkeit.

Das Subjekt, das sich um der Befriedigung seines Bedürfnisses willen auf die Engführung des Anspruches einlässt, geht aus einem unformulierten Zustand Δ hervor und erreicht am anderen Ende der intentionalen Kette die erste Realisierung eines Ideals I, von dem sich zu diesem Zeitpunkt nicht sagen lässt, dass es sich schon um ein Ich-Ideal handelt; sagen wir nur, dass das Kind hier das erste *Siegel* seiner Beziehung zum anderen empfängt. Dieses *Siegel* ist Teil der Struktur der Sprache, lange bevor das Subjekt sprechen kann, denn diese Struktur entsteht mit dem bloßen Spiel paarweiser Wechsel, das sie in Gänze vorwegnimmt: es ist das ooo... aa.., gedeutet als Fort!* Da!*, bei dem Freud – im vokalen Spiel seines Enkelsohns – die Erleuchtung über die Wurzel des Wiederholungszwangs kam.

Der Effekt signifikanter Diskontinuität wirkt also in dem Masse auf den ursprünglichen Ausgang des Bedürfnisses hin (die gestrichelte Linie ΔC) zurück, wie die Bedeutung sich in der Schleife von $\overline{MC}$ ... $\overline{CM}$ (die durchgezogene Linie) vereinheitlicht. $\overline{CM}$ bietet sich der im *Prinzip der Kommutativität* der Signifikanten implizierten Operation an; jedoch schreibt sich deren metaphorischer Effekt – Substitution eines Signifikanten durch einen anderen, mit ihren Konsequenzen hinsichtlich der Produktion des Signifikats – schlecht in dieses erste Schema ein.

Zweites Schema: Es führt das Unbewusste ein, das wesentlich darin besteht, dass ein Anspruch in seiner artikulierten Aufeinanderfolge im Subjekt fortdauern kann, ohne dass eine bewusste Intention ihn unterhält. Von daher lässt das Unbewusste den Diskurs des Anderen als solchen im Subjekt fortbestehen, das heißt einen Diskurs, der nicht anders strukturiert ist als derjenige des Subjekts, und der also die Struktur des ersten Schemas verdoppelt.

Die signifikante Kette DS (erste querlaufende Linie) wird bis hin zum Ort des Codes A aufgrund des Monolithischen der im Subjekt als Bedeutungseinheit (Satz) gebildeten Anforderung – obwohl aus diskreten Elementen gebildet – als kontinuierlich dargestellt.

Die bis in A ◇ d gestrichelt dargestellte signifikante Kette D'S' ist unbewusst. Das Aufeinandertreffen des Anspruchs des Subjekts mit dieser Kette vollzieht sich an einem Ort des verdoppelten Codes, der hier das bezeichnet, was das Subjekt nicht weiß, nämlich den Anderen in der Willkür seines guten Willens, worin sich eine Bezugnahme auf das Begehren andeutet; daher das Symbol A ◇ d. Unsere Formel, dass das Begehren des Menschen das Begehren des Anderen sei, zielt auf diesen Ursprung, in dem das Begehren als Begehren nach einem Begehren konstituiert wird.

Dieses Begehren des Subjekts muss eingeholt werden als Rand dessen, was der Anspruch darin entstehen lässt, dass er das Bedürfnis modifiziert. Nun gibt der Anspruch eben dadurch, dass er den Anderen zur Macht des Symbols gelangen lässt, jenseits jeder Befriedigung der Anwesenheit des Anderen und der Liebe als Gabe dieser Anwesenheit Profil. So organisiert sich das Begehren in der Rückwirkung dieses Anspruchs auf das Bedürfnis. Es wird sich zunächst mit dem Rätsel identifizieren, das dem Subjekt von der Entscheidung des Anderen im Signifikanten S (A) vorgelegt wird, mit dem er auf seinen Anspruch antwortet.

So ist der *Ort des Codes* dieser Kette das Arbiträre des realen Anderen, in dem das Begehren implizit ist: A ◇ d. Dies zeigt den wahren Platz der angeblichen archaischen Allmacht, die man gemeinhin dem Denken eines noch in den Windeln liegenden Subjekts zu unterstellen pflegt ... Tatsächlich handelt es sich um die Allmacht des Anderen, gebunden an das Zeichen, in dem sie erwartet wird.

Und dieses Zeichen erscheint am *Ort der Botschaft* als reiner Signifikant S (A) in einer Situation, die sich von der Wirkung des Signifikats s (A) sehr wohl unterscheidet, das sich am Ort der Botschaft der anderen Kette DS durch die Schleife des artikulierten Satzes herstellt. Zwischen diesen beiden Punkten gibt es einen Abstand, der es der Kommutation des Signifikanten erlaubt, seine Wirkung zur Metapher zu vertiefen.

Anders gesagt, die von Saussure in dem Verhältnis $\frac{S}{s}$ gesetzte Schranke *(barre)*, mit der er die Beziehung des Signifikanten zum Signifikat symbolisiert, verkörpert sich hier zwischen dem Diskurs des Anderen als Platz des Unbewussten und dem konkret durch die Intention des Subjekts modulierten Diskurs. Was als symptomatischer Effekt diese Schranke durchbricht, gehört der Ordnung der Metapher an: Vektor S (A) ... s (A).

Man erfasst darüber hinaus an diesem Schema, was aller Vorrang des Diskurses des Anderen gegenüber der aus dem Bedürfnis hervorgegangenen Intentionalität beinhaltet. Er prägt ihr jene Atomisierung in diskrete Elemente auf – hier durch eine gestrichelte Linie symbolisiert –, die dem zunächst gestaltlosen *(informe)* Subjekt des Bedürfnisses

genau auf dem Weg seiner Formulierung *(formulation)* diese anorganische Struktur gibt, die Freud in seiner zweiten Topik dem Es zuweist.
Das Feld ist nun für die eigentlich metonymischen Wirkungen offen, die sich auf seine elementaren Bedürfnisse beziehen können.

Drittes Schema: Es vervollständigt die Topologie, deren Bestimmung es ist, die Funktion des Begehrens im Verhältnis zum Unbewussten sowie die Funktion des Subjekts, definiert als Subjekt, das spricht, zu situieren.
Der Diskurs des Anderen funktioniert hier als Unbewusstes des Subjekts; man kann ihm eine Intentionalität zuerkennen, deren Wirkung in einer Art antizipierter Antwort auf die geringste, die Realisierung seines Begehrens betreffende Befragung des Subjekts deutlich wird: Ein Zeugnis dafür ist diese schreckliche Formulierung des *Che vuoi* (das wir dem Roman von Cazotte, *Le diable amoureux [Der verliebte Teufel]*, entnommen haben), Antwort auf die Beschwörung des Helden.
Darüber hinaus fügt dieses Schema dem vorhergehenden den Übertrag – bezogen auf das durch die Überkreuzung der beiden Signifikantenketten mit der Intentionalität, die sie schneidet, gebildete Netz – imaginärer Bezugspunkte hinzu, in denen das Subjekt sich identifiziert.
Auf *der unteren Etage* sehen wir die Projektion des Punktes m, der das Ich *(moi)* des Subjekts in dem Masse bezeichnet, wie es sich ausgehend vom Spiegelstadium auf einer variablen Ebene konstituiert, indem es sich einer Identifizierung mit einem imaginären anderen i (a) akkomodiert; diese findet wiederum ihren Platz in der primären Identifizierung I, die beim Subjekt aus seiner Abhängigkeit vom anderen hinsichtlich seiner ursprünglichen Ansprüche herrührt.
Wir schreiben von A aus einen zweiten rückläufigen Weg ein, der die Wirkung des anderen auf das Sprechen des Sub-

jekts festigt, insofern es durch die Botschaft s (A) konstituiert wird, die von dort zu ihm zurückkehrt. (Im letzten Jahr haben wir diese Interferenz der beiden Wege ausgehend vom Witz analysiert, um sie dann auf alle Bildungen des Unbewussten auszudehnen: dies ist die geeignetste Kreisbahn, um darin die Wirkungen der Metonymie zu erfassen).

Man wird bemerken – immer noch auf dieser Etage –, dass die imaginäre Kreisbahn A m i(a) s(A) den Anfangsabschnitt der primären Identifizierung verdunkelt, indem sie ihm entgegenläuft. Daher zeigen wir diese in unserem Schema gestrichelt an; der vom Punkt i (a) ausgehende durchgezogene Strich symbolisiert die Tatsache der sekundären Subduktion dieser Identifizierung durch das *Ideal-Ich*. Auf diesem Wege erhebt sich die primäre Identifizierung zur Funktion des *Ich-Ideals*.

Andererseits symbolisiert die jenseits von A gestrichelt gezeichnete Strecke der bis dahin durchgezogenen Linie DS das *Über-Ich*, insofern es das verdrängende Korrelat dieses Ich-Ideals ist: nämlich der Übergang einer imperativischen Rede ins Unbewusste, die, um ihre kategorische Darstellung zu wahren, uns durch die Analyse in einer unzurechnungsfähigen Gestalt enthüllt wird.

So lässt sich am Ende erkennen, dass dem, was hier die gestrichelt gezeichneten Strecken bezeichnen, Freuds zweite Topik entspricht. Da sie die Rückwirkung des Faktums des Unbewussten auf die *Struktur* des Subjekts repräsentieren, kann man die Hypothese aufstellen, dass sie erst beschrieben werden konnten, nachdem die strukturalen Wirkungen des Unbewussten in ihrer *Bedeutung* annehmenden Gestalt, anders gesagt, in ihren symptomatischen Wirkungen ausreichend erforscht waren; diese haben ihren Platz auf den gestrichelt gezeichneten Strecken der oberen Etage des Schemas.

Die obere Etage enthält eine Strukturhomologie mit der unteren Etage; doch ist sie mit ihr durch ein Verhältnis verbunden, das man komplementäre Verdunkelung nennen kann (die im Schema durch die Opposition – zwischen den beiden Etagen – von gestrichelt und durchgezogen gezeichneten Vektoren offenkundig wird).

Diese Etage repräsentiert den Ort des Unbewussten, und als solcher kann sie sich dem realen anderen nur in der Übertragung eröffnen. Es ist ebenfalls der Ort, an dem sich das Subjekt als ›ich‹ *(je)* setzen kann. (Vgl. die Freudsche Formel *Wo Es war, soll Ich werden**: Wie könnte ›ich‹ dort ankommen *(advenir)* – werden* –, wo es war, wenn dort nicht seit jeher sein Platz wäre?) Die Analyse zeigt, dass das Subjekt, insofern es spricht, sich nicht innerhalb der Grenzen des Selbstbewusstseins einschreibt; es kann nicht wie im philosophischen Cogito als Korrelat des Objekts definiert werden.

Fügen wir hinzu, dass das ›ich‹, auf das wir uns beziehen, nicht nur die Partikel ist, die im Diskurs das Subjekt als Träger der Botschaft bezeichnet.[3]

Formeln wie »ich sage und ich wiederhole es« verraten die tiefe Verwandtschaft des hier in Frage stehenden ›ich‹ mit dem Subjekt des Sprechens. Man kann auch den Imperativ »steh auf und geh« heranziehen, um zu verdeutlichen, dass das ›ich‹ in einer verdunkelten Form am stärksten gegenwärtig sein kann, denn zweifellos wird der Sprecher nirgendwo deutlicher sichtbar als im Vokativ, der dennoch einzig den Angesprochenen hervorbringt.[4]

Dieses Jahr werden wir versuchen, die Funktion des Begehrens zu situieren, und zwar auf dem Weg, auf dem sich das ›ich‹ in einer Antwort konstituiert, die Frage bleibt; in der Tat bezeichnet das *Che vuoi?* des Anderen eine antizipierte Antwort – eine Antwort vor der Frage – auf einer Ebene, auf der das Subjekt sich mit der Erektion, wie man sagen könnte, seines eigenen Wunsches konfrontiert findet.

Es gibt einen problematischen Punkt, an dem das Subjekt auf einen Anruf des Seins und des Wollens in einer undurchsichtigen Form antwortet, nachdem es weder sagen konnte, was es wünscht, noch was es will: das ist das Begehren. Wir situieren es an einem Punkt d, der – was seine Rückläufigkeit auf der intentionalen Linie betrifft – dem Punkt m der unteren Etage homolog ist. Sein imaginäres Korrelat – das sein Niveau reguliert, seine »Akkomodation« erlaubt – ist das Phantasma, von dem wir zeigen werden, dass es als Verhältnis einer Eklipse (oder eines _fading_) des Subjekts mit einem Objekt zu definieren ist, dessen symbolische Funktion durch diesen Partialaspekt gekennzeichnet wird. (Wir bezeichnen dieses Verhältnis folglich durch $\$ \diamond a$).

Die Verkennung und die Entfremdung, die jedes echte analytische Denken am _Ich_ anzeigt, findet man hier folglich verstärkt wieder. Die Situation des Begehrens ist um so weniger in der signifikanten Kette zu verorten, als die Punkte von Code und Botschaft auf der intentionalen Kurve des Unbewussten – das heißt auf diesem ausgedehnten Fragezeichen, das sie auf unserem Graphen zeichnet, und wozu das Phantasma ($\$ \diamond a$) das rätselhafte Widerlager darstellt – im Prinzip unbekannt bleiben. Einzig eine deutende Rekonstitution der signifikanten Kette, die sich im Unbewussten wiederholt, erlaubt es, am _Punkt des Codes_ die Beziehung $\$ \diamond D$ zu definieren, die eben diesen Moment einer Eklipse des Subjekts mit einem oralen, analen etc. Anspruch verbindet – mit Schicksalen des Anspruchs, die die genetische Doktrin als Entwicklungsphasen der Libido beschreibt.

Desgleichen lässt der Punkt der Botschaft im Anderen den Ausfall eines Signifikanten erkennen, der das Sein offenbaren sollte, dessen Frage er gleichwohl hat auftauchen lassen; wir symbolisieren diesen Punkt durch S (Ⱥ) .

Vor diesem Mangel zu sein ist das Subjekt _hilflos_*, schreibt Freud, und diese _Hilflosigkeit_*, die wir mit _détresse_ übersetzen, macht nach Freud im Wesentlichen die Erfahrung des _Traumas_ aus. Bekanntlich ist in der Freudschen Konzeption – und das unterscheidet sie von den existentialistischen

Erfahrungen der Angst als Anwesenheit des Nichts – die Angst im Ich zu situieren: sie ist ein Signal, das bereits eine bestimmte Antwort darstellt, sie ist Mitteilung und bringt Hilfe. Es ist anzunehmen, und das zeigt auch die Klinik, dass das Begehren eine homologe Rolle spielt.
Einen derartigen Abstand zum Mangel sucht das Phantasma auszuloten. In seiner metonymischen Flucht das von der Sprache aufgerufene Sein zu organisieren, dies ist unserer Auffassung nach das Wesen des Begehrens.
Hier nimmt der Phallus Signifikantenfunktion an – und erweist sich ebenso sehr in seiner organischen Funktion dadurch vollzogen. Er ist, werden wir uns sagen, insbesondere für die Bezeichnung der Beziehungen des Subjekts zum Signifikanten bestimmt oder auch damit beauftragt, die Metonymie des Subjekts im Sein zu repräsentieren, das heißt die Antwort auf das *Che vuoi* zu verkörpern, mit dem der unbewusste Andere das Subjekt anruft. Daraus ergibt sich, dass der Phallus in dem Masse, wie diese Antwort sich artikuliert, stets abwesender erscheint für die Realität des Subjekts: Kastration beim Mann, *Penisneid** bei der Frau, worin die Analyse – Freud hat es in einer seiner letzten Schriften[5] hervorgehoben – sowohl ihr Ende als auch ihren Mangel an Ende findet[6].

*

Was ist das Begehren *(désir)* des Traumes?[7] Zumindest ist es doppelt. Zunächst ist es der Wunsch zu schlafen, den Schlaf zu erhalten. Andererseits, doch gleichzeitig – vielleicht erfüllt sich vermittels dieses zweiten Wunsches der erste Wunsch – ist es das, worin das Subjekt des *Wunsches** sich befriedigt. Sich befriedigt, wodurch? Durch das Sein – mit der ganzen Ambiguität, die eine solche Formulierung enthält. In der Tat liefert der Traum nur eine »verbale« Befriedigung, der *Wunsch** begnügt sich hier mit dem Schein, doch von einer anderen Seite her ist sehr wohl etwas von der Ordnung des Seins im Spiel.

Nehmen wir einen Traum, den Freud in den *Formulierungen über die zwei Prinzipien des psychischen Geschehens**[8] berichtet. Ein Patient, der um seinen Vater trauert, den er während einer langen Krankheit gepflegt hat, träumt mehrfach, sein Vater sei wieder am Leben und spreche mit ihm wie gewöhnlich. Nur hat der Träumer das schmerzliche Empfinden, dass *sein Vater gestorben war und es nicht wusste.*

Bei Freud ist nicht die Rede davon, einen solchen Traum als *wishful thinking** (seine Wünsche, hier den Wunsch, den Vater wiederzufinden, für Realitäten zu halten) zu deuten, wie das heutzutage geschieht. Der Traumtext wird erst verständlich, schreibt Freud, wenn man darin *nach seinem Wunsch (voeu)* bzw. *infolge seines Wunsches* hinzufügt (nach *sein Vater gestorben war*); und was der Vater *nicht wusste*, ist dieser Wunsch. Aus dem Traum wird so: Er wünschte *(souhaitait)*, dass sein Vater gestorben wäre, und sein Vater wusste nicht, dass er es wünschte.

Es liegt also eine Unterschlagung vor. Doch das ist noch nicht alles; denn, wie Freud anmerkt, hatte das Subjekt sehr oft, während es seinen Vater pflegte, dessen Tod gewünscht. Wenn der Traum von einem Text etwas unterschlägt, das dem Bewusstsein des Subjekts überhaupt nicht entzogen ist, nimmt folglich das Phänomen der Unterschlagung in sich selbst (*Unterdrückung**) positiven Wert an. Das Deuten läuft also hier nicht darauf hinaus, ein angebliches unbewusstes Begehren, als das man »nach seinem Wunsch« aufzufassen hätte, wiederherzustellen. In der Tat besagt »nach seinem Wunsch«, wenn es isoliert steht, gar nichts. Das, worum es wirklich geht, ist eine Elision des Signifikanten: sie ruft einen Signifikatseffekt hervor, was wir einen Metaphereffekt genannt haben.

Nehmen wir jetzt das Beispiel der »Kinderträume«, dieser Träume, die eine erste Verfasstheit des Begehrens im Traum darstellen sollen. Da der Traum hier keine *Entstellung** kenne, gehe das Begehren darin den ganz geraden Weg. Man möge sich auf den berühmten Traum der kleinen Anna Freud[9] als Reaktion auf »die häusliche Gesundheitspolizei« beziehen. Man kann diesbezüglich von der Nacktheit des Begehrens sprechen, aber es muss hinzugefügt werden, dass die Art der Enthüllung hier von der Nacktheit selbst untrennbar ist. Annas Traum wird mit lauter Stimme im Schlaf artikuliert; die Bilder des Traumes finden ein symbolisches Affix in diesen Worten, in denen wir den Signifikanten sich in ausgeflocktem Zustand darstellen sehen, in einer Sequenz, in der die Wahl der Benennungen nicht gleichgültig ist; er stellt in der Tat all das dar, was der kleinen Anna verboten wurde, der gemeinsame Nenner, der eine Einheit in die Verschiedenheit einführt, wie zugleich die Verschiedenheit hier die Einheit bezeichnet. In einer Anmerkung zitiert Freud ein von Ferenczi angeführtes Sprichwort: »das Schwein (träumt) von Eicheln, die Gans von Mais«: Hier liegt eine auf Wahl beruhende Einheit der Befriedigung des Bedürfnisses vor. Dagegen ist in Annas Traum – und das macht in den Augen Freuds seinen exemplarischen Wert aus – der Signifikant anwesend; der Traum stellt sich buchstäblich als eine Botschaft dar: Anna Freud kündigt sich an, führt ihre Szene auf *(produit sa sequence)*, man ist fast darauf gespannt, dass sie aufisst und ›fertig!‹ sagt.

Es ist zweckmäßig, hier zwischen der Direktive der Lust und der Direktive des Begehrens zu unterscheiden. Man weiß, welchen Gebrauch Freud vom Begriff *Vorstellung* (représentation)* in seinen ersten Schemata macht. Solange einzig der Primärvorgang im Spiel ist, endet er über einen Vorgang topischer Regression in der Halluzination:

Wenn der Ausgang über die Motilität nicht realisierbar ist, erfolgt Regression und taucht in W eine halluzinatorische

Befriedigung auf, die eine *Vorstellung** ist. Das hier Definierte ist folglich alles andere als das Bedürfnis, das, um befriedigt zu werden, den Sekundärvorgang erfordert. Wo ist, ausgehend von einer solchen Zweiteilung, der Instinkt zu situieren?

In der Tat zeigen die modernen Forschungen über den Instinkt, wie eine Struktur – die nicht absolut präformiert, jedoch imstande ist, ihre eigene Kette zu erzeugen – im Realen Wege zu Objekten vorzeichnet, die noch nicht erfahren worden sind: das, was die Ethologie das *appetitive Stadium*, dann den *spezialisierten Auslösemechanismus* nennt (I.R.M., *innate realising mechanism*[10]).

Das an den Primärvorgang gebundene halluzinierte Verhalten unterscheidet sich radikal von einem derartigen Selbststeuerungsverhalten. Metaphorisch kann man sich die Konzeption Freuds folgendermaßen vorstellen: Eine Lampe leuchtet in der Maschine auf, wenn die Kugel in das richtige Loch fällt, nämlich in das Loch, in welches sie bereits gefallen ist; das Aufleuchten dieser Lampe gibt das Anrecht auf eine Prämie, und das ist das Lustprinzip. Damit aber die Prämie ausgezahlt wird, muss eine gewisse Reserve von Münzen in der Maschine sein, und genau da kommt der Sekundärvorgang herein. Tatsächlich kann die Lampe, die aufleuchtet, ein bereits erfahrenes Objekt beleuchten, nicht aber den Weg zu diesem aufzeigen. Diese Suche gehört zum Sekundärvorgang – der in diesem Sinne die Rolle des Instinktverhaltens spielt, sich aber von diesem darin unterscheidet, dass er eine Realitätsprüfung der bereits erfahrenen Befriedigung darstellt. Der Brief 52[11] an Fliess ist besonders aussagekräftig: Freud stellt darin die Hypothese einer Aufeinanderfolge von *Niederschriften** auf, die eine regelrechte Topologie von Signifikanten bildet. Es gibt darin nichts, das einem Instinktverhalten ähnelt, das den Organismus in erfolgreiche Bahnen leitet. Mehr noch, die Realität wird nur auf dem Weg einer rekurrenten Kritik der im

Primärvorgang evozierten Signifikanten *begriffen**, indem sie diese mit Realitätsindizes konnotiert, die selbst Signifikanten sind. Weit entfernt davon, dass es sich um »*Wahrnehmungen*« (»*prises de vrai*«) (*Wahrnehmung* perception*, buchstäblich *prise de vrai*) handelt, die fähig wären, das ideale Subjekt zum Realen zu führen, ist es umgekehrt das Reale, das sich in den »*Vor-stellungen**« (»*prépositions*«) (*Vorstellung* = représentation*, buchstäblich *position-devant*, Vor-Stellung) des Subjekts eingefangen erfährt, die eine signifikante Organisation aufweisen.

Kommen wir nun zu Annas Traum zurück. Man sieht, dass er in keiner Weise schlicht und einfach die Befriedigung eines Bedürfnisses aussagt. Er führt uns an diesen *anderen Schauplatz**, den Freud erwähnt und von dem er uns sagt, dass er nicht an einem neurologischen Ort zu suchen sei, sondern in der Struktur des Signifikanten selbst. Sobald der Signifikant gegeben und das Subjekt als das definiert ist, was in den Signifikanten eintreten wird, haben wir eine Topologie, von der es notwendig und hinreichend ist, dass wir sie als aus zwei übereinanderliegenden Ketten gebildet auffassen. Auf der Ebene von Annas Traum besteht allerdings eine Ambiguität, die bis zu einem gewissen Grad den Unterschied rechtfertigt, den Freud gegenüber dem Traum des Erwachsenen macht. Wo ist das einzuschreiben, was Anna sagt? In der oberen oder der unteren Kette unseres Schemas? Wir haben vermerkt, dass erstere gestrichelt ist – das macht die Diskontinuität des Signifikanten anschaulich; die zweite ist durchgehend: sie hat ihren Ort auf der Ebene des Anspruchs, und das, was hier eingeschrieben wird, gehört zur Einheit des Satzes *(phrase)*. (Die Linguisten haben von Holophrase gesprochen. Das ist beispielsweise die Interjektion: Brot! Zu Hilfe! Das Bedürfnis drückt sich darin auf entstellte, aber monolithische Weise aus.) Wenn die Menge: Brot! schreit, liegt das ganze Gewicht der Botschaft auf dem Sender; der Schrei für sich allein reicht aus, um ihn, auch wenn er aus hundert Mündern erfolgt, als ein einziges Subjekt zu konstituieren. Das ist schon nicht mehr das, was in Annas Traum geschieht: Das Subjekt wird darin nicht im und durch den Satz konstituiert.

Es muss zwischen dem Vorgang der *Aussage (l'énoncé)* (untere Linie) und dem Vorgang des *Aussagens (l'énonciation)* (obere Linie) unterschieden werden. Das sind zwei Linien, nicht zwei Funktionen, aber diese Doppeltheit[12] findet sich in jeder sprachlichen Operation wieder. Man muss einen Schritt tun, damit die Unterscheidung zwischen dem ›ich‹ als Subjekt der Aussage und dem ›ich‹ als Subjekt des Aussagens gemacht wird; sie ist nicht von Anfang an da. Man denke beispielsweise an jenes vom Binet-Test herausgelöste Stadium: »ich habe drei Brüder, Paul, Ernst und mich«. Es braucht eine gewisse Zeit, bis das Kind gewahr wird, dass in einer solchen Formulierung etwas steckt, das nicht geht. Wenn das menschliche Subjekt mit der Sprache operiert, zählt es sich.

In Annas Traum stellt sich das Aussagen als Stapelung, als Aufeinanderfolge von Metaphern dar; das ›ich‹ jedoch, das sich aussagt, indem es sich zu Beginn der Sequenz nennt, wird noch nicht als solches anerkannt.

Im Traum des Erwachsenen ist es eine Tatsache, dass das Begehren eine kompliziertere Form annimmt und dass seine Deutung schwieriger ist. Freuds Antwort ist hier unzweideutig: Das kommt von der Zensur. Das Kind hat es mit dem Verbot zu tun, es hat *nein gesagt*, und der ganze Erziehungsprozess zielt darauf, es so heranzubilden, dass allein schon die Wahrheit des Begehrens zu einem Verstoß gegen die Autorität des Gesetzes wird und dass die Zensur bereits auf diese Wahrheit Anwendung findet. Zielpunkt ist dabei der Vorgang des Aussagens. Nur muss, damit die Zensur ausgeübt werden kann, eine gewisse Vorkenntnis vom Vorgang der Aussage unterstellt werden. Da liegt also ein Paradox vor, auf das häufig im Zusammenhang mit der Zensur hingewiesen worden ist, ein innerer Widerspruch, nämlich der Widerspruch des auf der Stufe des Aussagens gesagten Neins (»Wer so etwas sagt, wird es mit mir zu tun bekommen«, ist ein Mittel für mich, genau dieses zu sagen).

Um dieses Paradox zu überwinden, gilt es zu verstehen, dass die Verdrängung an die Notwendigkeit einer Ausstreichung des Subjekts im Vorgang des Aussagens gebunden ist. Auf welchen Wegen ist das möglich? Man kann sich die Dinge so vorstellen: Jedes Sprechen ist, insofern das Subjekt darin impliziert ist, Diskurs des Anderen, geht von A aus. So zweifelt das Kind zunächst nicht daran, dass man seine Gedanken kennt; das Denken gehört zur Ordnung des gesagten Neins, aber das gesagte Nein setzt ein erstes Aussagen voraus. Dieser Glaube besteht so lange, wie die beiden Linien nicht in einem gewissen Abstand voneinander gehalten werden. Dann wird das Kind gewahr, dass der Erwachsene seine Gedanken nicht weiß, und das ist der Weg der Verdrängung. Nach dem Beispiel dieses Anderen streicht sich das Subjekt aus; in es führt sich der Prozess des Verdrängten ein.

»Ich sage nicht, dass *(je ne dis pas que)*« ist der Satz, den Freud als die Wurzel der *Verneinung** ansetzt, wenn sich das Subjekt als unbewusstes konstituiert. Die Funktion des *nicht (ne)* in *ich sage nicht* macht die radikalste Eigenschaft des Signifikanten deutlich, der sich als etwas darstellt, das ausgestrichen werden kann, und der in dieser Operation einer Ausstreichung fortbesteht: die Spur des Schrittes *(pas)*[13] von Freitag, aus der Robinson, indem er sie ausstreicht, ein Kreuz macht.

Die Logiker haben, weil sie zu sehr Psychologen sind, etwas an der Negation verfehlt. Pichon, der ein hervorragender Beobachter war, hat in bezug auf die Negation eine nützliche Unterscheidung zwischen dem *Verwerfenden (forclusif)* und dem *Nichtzusammenstimmenden (discordantiel)* vorgeschlagen. Zu sagen: »hier ist niemand«, ist eine Verwerfung; es wird ausgeschlossen, dass hier jemand sein könnte. Halten wir fest, dass es im Französischen immer zwei Termini gibt: *ne-personne* (niemand), *ne-rien* (nichts) oder *ne-point* (gar nicht, überhaupt nicht) etc. Was das sich selbst überlassene, ganz allein stehende *ne* betrifft, so drückt es die Diskordanz aus; das heißt etwas, das sich zwischen dem Vorgang des Aussagens und dem der Aussage ansiedelt. Nehmen wir nur die Verwendung jenes *ne*, das man zu Unrecht *explétif*[14] nennt; zum Beispiel: *je crains qu'il ne vienne* [ich fürchte, dass er kommt]. Das Französische erfasst dort das *ne* in dem Moment, in dem es vom Aussagen hin zur Aussage gleitet, vom *ich sage nicht, dass ich Deine Frau bin* zum *ich bin nicht Deine Frau*. Im Englischen kann die Negation nicht schlicht und einfach an das Verb der Aussage geheftet werden. Man sagt nicht *I eat not*, sondern *I don't* oder *I won't eat*. Die Aussage ist hier genötigt, eine dem Hilfsverb nachgebildete Form zu übernehmen, die typischerweise das in der Aussage ist, was die Dimension des Subjekts einzuführen vermag. *I won't go*, ich werde nicht gehen, impliziert nicht nur eine Tatsache, sondern meinen Entschluss als Subjekt. Wir finden hier eine Spur von dem, was die Negation wesentlich mit dem Aussagen verbindet.

Diese hastigen Bemerkungen sind nur dazu bestimmt zu zeigen, wie die Negation in ihrer sprachlichen Wurzel etwas ist, das vom Aussagen hin zur Aussage wandert. Ein solches Gleiten wird von Freuds Ansichten zur *Verneinung** impliziert. Freud geht von diesem Paradox aus, das jede Negation in der Aussage beinhaltet, insofern sie etwas setzt, um es zugleich als nicht existent zu setzen.

In der Konstitution des Subjekts ist die Entdeckung, dass der andere nichts von seinen Gedanken weiß – eine Entdeckung, gemacht auf dem Hintergrund, dass er sie alle kennt, weil sie strukturell der Diskurs der Anderen sind – eine entscheidende Errungenschaft. Auf diesem Weg wird das Subjekt die widersprüchliche Anforderung des Nicht-

Gesagten entwickeln und den Weg finden, auf dem es dieses Nicht-Gesagte in seinem Sein zu vollziehen hat; ein Subjekt zu werden, das die Dimension des Unbewussten hat. Darin besteht der Schritt *(pas)*, den uns in der Erkenntnis des Menschen die Psychoanalyse gegenüber der philosophischen Tradition machen lässt, für die das Subjekt wesentlich als Korrelat des Erkenntnisobjekts definiert ist, als Schattensubjekt, Double der Objekte – und man vergisst das Subjekt, das spricht.

Die analytische Erfahrung definiert das Objekt nicht in seiner Allgemeinheit als Korrelat des Subjekts, sondern in seinen Singularitäten als das, was das Subjekt in dem Moment stützt, in dem es seiner Existenz (im radikalen Sinne des Eksistierens in der Sprache) ins Gesicht sehen *(faire face)* muss, in dem Moment, in dem es sich als Subjekt hinter einem Signifikanten ausstreichen *(effacer)* muss. An diesem Panik-Punkt klammert es sich am Objekt des Begehrens fest. »Wenn es gelänge zu wissen, was *der Geizige*[15] verloren hat, als man ihm seine Geldkassette stahl, würde man viel lernen«, schreibt Simone Weill irgendwo. Aber vielleicht ist *der Geizige* eine zu lächerliche Figur, um uns als Beispiel zu dienen. Erinnern wir uns lieber an die Passage aus dem Film *La règle du jeu [Die Spielregel]*, in der Dalio, der Spieluhren sammelt, sein letztes Fundstück zeigt: er errötet, er erblasst, er verschwindet. Was hier vom Objekt seines Begehrens gestützt wird, ist das, was er nicht enthüllen kann, nicht einmal sich selbst, es ist dieses Etwas, das sich selbst am Rande des größten Geheimnisses befindet.

In einem bestimmten Moment findet das Subjekt sich darin verwickelt, seinen Wunsch *(voeu)* als Geheimnis zu artikulieren. Wie kann ein solcher Wunsch ausgedrückt werden? »Être une belle fille – (Ein schönes Mädchen sein) – blonde et populaire – (blond und beliebt) – qui mette de la joie dans l'air – (das die Luft mit Freude erfüllt) – et lorsqu'elle sourit (und wenn es lächelt) – donne de l'appétit (Appetit macht) –

aux ouvriers (den Arbeitern) – de St-Denis (von St. Denis)«.[16] Zweifellos ist das die reine Form des Gewünschten *(souhaité)*; es stellt sich im dem Subjekt vor-gestellten und es rückwirkend bestimmenden Infinitiv dar (vielleicht muss so auch der berühmte Satz am Ende der *Traumdeutung** über den unzerstörbaren Wunsch, der die Gegenwart nach dem Bild der Vergangenheit gestaltet, verstanden werden;[17] tatsächlich wäre das Begehren vor dem Subjekt und riefe immer rückwirkend dieselben Wirkungen hervor).

*

Wo ist das Begehren einzusetzen? Zwischen jenem Punkt, auf dem wir insistierten, als wir von der Entfremdung des Subjekts im Appell des *Bedürfnisses* sprachen, und diesem Jenseits, worin sich als wesentliches einführen wird, was wir die Dimension des *Nicht-Gesagten* genannt haben.
Kehren wir zu dem Traum von der Erscheinung des toten Vaters zurück. Wir können ihn so in unser Schema einschreiben:

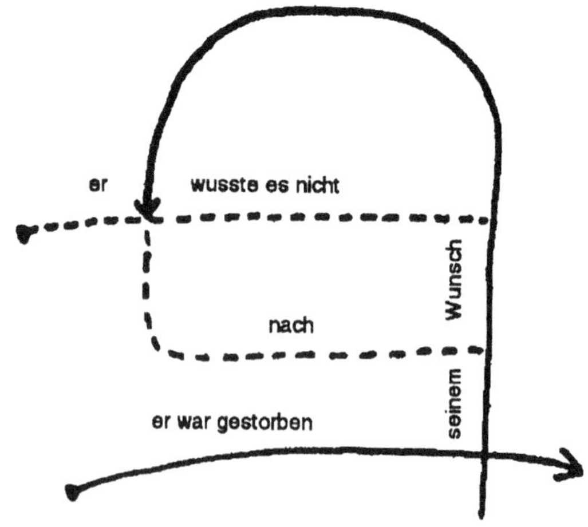

Das *er wusste es nicht* bezieht sich auf die Konstituierung des Subjekts: Es hat sich selbst als nicht wissend zu konstituieren; darin besteht sein Ausweg, damit das, was nichtgesagt ist, tatsächlich den Wert von Nicht-Gesagtem annimmt. Das *er war gestorben* gehört zur Ordnung der Aussage; doch setzt es, halten wir das fest, ein darunterliegendes Aussagen voraus. (Es ist bekannt, dass für jedes Wesen, das nicht spricht, »er war gestorben« nichts bedeutet: davon zeugt die unmittelbare Gleichgültigkeit, die der Großteil der Tiere den Kadavern Ihresgleichen entgegenbringt.) Es setzt voraus, dass das Subjekt im Signifikanten ek-sistiert und nicht mehr anders begriffen werden kann als stets in der Existenz aufblitzend.

Dieser Traum ist der Traum eines Sohnes, der hier vor seinem Vater von tiefstem Schmerz durchdrungen ist. Ihm gegenüber haben wir den Vater, der nicht weiß, dass er gestorben ist, oder genauer, denn der Imperfekt hat hier seine volle Bedeutung, *er wusste es nicht* (merken wir nebenbei an, dass ein Subjekt uns deshalb die Aussage eines Traumes erzählt, damit wir dessen Sinn suchen; es ist also sehr wohl ein Aussagen, das es uns präsentiert). In diesem Traum haben wir einen Affekt, den Schmerz. Schmerz worüber? Dass er gestorben war. Und auf der anderen Seite: er wusste nicht. Was? Dass er gestorben war.

Schmerz	er wusste nicht
dass er gestorben war	dass er gestorben war

Von diesem *nach* seinem Wunsch können wir mehr als einen Gebrauch machen. Wir können dadurch bezeichnen, was das Subjekt ausdrücklich gewollt hat, während es seinen Vater pflegte. Oder auch den infantilen Wunsch, der Vater möge sterben (dieser infantile Wunsch, von dem Freud uns sagt, er sei der *Kapitalist* des Traumes und finde im aktuellen Wunsch seinen *Unternehmer*); doch auf dieser ödipalen Ebene liefert die vom Vater beförderte Untersagung dem Subjekt eine Stütze, ein Alibi, eine Art moralischen Vorwand, um sein Begehren nicht zu bejahen. Und würde eine Deutung des Traumes auf diesem Niveau dem Subjekt nicht erlauben, sich mit dem Aggressor zu identifizieren, was eine Form von Abwehr wäre?

Vergessen wir nicht, dass das Subjekt seinen Vater nach einer langen qualvollen Krankheit sterben sah; es hat einen Schmerz kennengelernt, der jenem Schmerz der Existenz nahekommt, wenn nichts als die Existenz selbst es mehr bewohnt, und wenn im Übermaß des Leidens alles dahin tendiert, dieses unausrottbare Letzte, nämlich das Begehren zu leben, auszulöschen. Um den Schmerz seines Vaters wusste das Subjekt, es weiß aber nicht, dass es dabei ist, diesen Schmerz als solchen auf sich zu nehmen, daher der *absurde Ton* des Traumes (»des widersinnig klingenden Traumes«[18], hält Freud fest, das Widersinnige ist das Ausdruckselement einer heftigen Zurückweisung des bezeichneten Sinns). Das Subjekt kann erkennen, dass sein Vater von seinem Wunsch, er möge sterben, damit seine Leiden enden, nichts wusste; es kann erkennen oder nicht (das hängt ganz von dem Punkt ab, an dem die Analyse steht), dass es stets gewünscht habe, sein Vater als Rivale möge sterben. Es erkennt jedoch nicht, dass es, indem es den Schmerz seines Vaters auf sich nimmt, darauf zielt, vor ihm eine Unwissenheit aufrechtzuerhalten, die für ihn unentbehrlich ist: Es gibt am letzten Ende der Existenz nichts als den Schmerz zu existieren. Das Subjekt verwirft auf den anderen seine eigene Unwissenheit. Der Todeswunsch ist hier der Wunsch, nicht wach zu werden für die Botschaft: Durch den Tod seines Vaters ist es von nun an seinem eigenen Tod ausgesetzt, wovor es bis dahin die Anwesenheit des Vaters bewahrte. Dann lieber den Schmerz zu existieren auf sich nehmen (Vgl. das mh junai des Ödipus auf Kolonos, nicht geboren worden sein! der einzige Ausruf,

den derjenige ausstoßen kann, dessen Verbrechen einzig darin besteht, in seinem Begehren existiert zu haben), der der Schmerz des anderen ist, als zu erleben, dass dieses letzte Mysterium entblößt wird: In dem Moment, wo der Vater stirbt, fällt der Kastrationswunsch des Vaters dem Sohn anheim. Das Subjekt willigt ein, anstelle des anderen zu leiden; hinter diesem Leiden aber erhält sich ein Trug: der Vatermord als eine imaginäre Fixierung. Alles, was hier als bestimmbares Begehren definiert werden kann, ist mangelhaft im Verhältnis zur vom Tod des Vaters eröffneten Kluft, die das ist, wovon das Subjekt nichts wissen will; der Inhalt des *nach seinem Wunsch* – zum Beispiel der aggressive Wunsch – stellt sich nun als Schutz dar. Das *nach* bezeichnet die Notwendigkeit, die es dem Subjekt verwehrt, jener Verkettung der Existenz, insofern sie durch die Natur des Signifikanten determiniert ist, zu entgehen.
Ebenfalls um ein *nach*, um die Elision eines bloßen Signifikanten dreht sich der Traum. Die *Verdrängung** ist hier nicht Verdrängung von etwas, das verneint oder verstanden wird, sondern Elision eines Verschlusses, dessen, was die Übereinstimmung oder die Diskordanz zwischen dem Aussagen und dem Signifikanten signiert. Aus diesem Grunde laufen wir beständig Gefahr, auf die Frage, die *nach seinem Wunsch* aufwirft, irgendeine überstürzte Antwort zu geben, die jene grundlegende Gegebenheit vernachlässigen würde, die aus dem Objekt jedes Begehrens die Stütze einer wesentlichen Metonymie macht.

*

Man wird so der Funktion der Kastration für das menschliche Begehren gewahr. Das Begehren ist in einem Zeichen, einem Versprechen, einer Antizipation entfremdet, die als solche einen möglichen Verlust beinhaltet. Genügend Erfahrungen bezeugen es – ganz besonders auf dem krummen

Weg der Pubertät (Hat das Subjekt »die absolute Waffe« oder hat es sie nicht? Und da es sie nicht hat, wird es in eine Reihe von Identifizierungen und Alibis hineingezogen) oder in jenen Fällen, in denen das Subjekt, obwohl sie erreichbar wäre, die Befriedigung seines Begehrens fürchtet: Man sieht nun, wie es dem immer mehr aus dem Wege geht, was immer sein hervorstechendstes Begehren war; nicht, dass es bloß Furcht vor der Laune des Anderen wäre, sondern vielmehr, dass der Andere diese Laune nicht durch Zeichen markiert; nun gibt es aber gar nicht genügend Zeichen für den guten Willen des Subjekts, außer der Totalität der Zeichen, in denen es fortbesteht, gibt es letzten Endes kein anderes Zeichen des Subjekts als das Zeichen seiner Aufhebung als Subjekt. Dies bezeichnen wir mit S (Ⱥ). So wie Freud den *Nabel des Traums* erwähnt, könnten wir von einer Nabelung *(ombilication)* des Subjekts um sein Wollen herum sprechen. Das Freudsche Unbewusste bezeichnet für uns das Verhältnis des Subjekts zu dem Signifikanten, der sich an seiner Stelle organisiert und artikuliert.

Wir hatten bereits Gelegenheit, in bezug auf das Begehren den von Jones vorgeschlagenen und von der Analyse so merkwürdig vernachlässigten Terminus *Aphanisis* (Schwinden, Vergehen, Ohnmacht) anzuführen. Jones glaubte, dass im Kastrationskomplex die Furcht im Spiel sei, seines Begehrens beraubt zu werden. Der Terminus *Aphanisis* erlaubte ihm, die Beziehungen des Mannes und der Frau zu ihrem Begehren auf einen gemeinsamen Nenner zu bringen; uns zufolge verfehlt er damit – wie wir im letzten Jahr aufgezeigt haben – das, was an ihnen aufgrund ihrer Asymmetrie im Verhältnis zum Signifikanten Phallus irreduzibel verschieden ist. Nötigt uns nicht, auch wenn es sich so verhalten sollte, die Möglichkeit der *Aphanisis* zu der Annahme eines Subjekts, das außerhalb seines Begehrens ek-sistiert, das fürchtet, dass ihm der »élan vital« fehle, und auf dieses Begehren achtgeben muss? Dies ist für uns als

Bedingung der gesamten Problematik des Begehrens von Wichtigkeit.
Um dieser Suspendierung des Begehrens zu trotzen, hat das Subjekt mehrere Tricks zur Verfügung, die wesentlich auf der Manipulation des Objekts a beruhen. Die Zwischenschaltung des Signifikanten macht ein unmittelbares Verhältnis zum Objekt unmöglich, das in die Dialetik des Subjekts und des Signifikanten einbezogen wird (man denke an den *Kleinen Hans* zurück, der sich bei jedem Objekt die Frage stellt: Hat es einen Phallus oder nicht?). Das menschliche Objekt erleidet im Vergleich zur zumindest relativen Spezifizität der instinkthaften Aktivität eine Art Verflüchtigung. Das bestätigt sich in der *Verschiebung*, die für das Subjekt das Mittel ist, das fragile Gleichgewicht seines Begehrens aufrechtzuerhalten (während es für das Tier nur um eine Verschiebung von Objekt zu Objekt geht): die Befriedigung wird verhindert, zugleich wird ein Begehrensobjekt bewahrt. In diesem Sinne nimmt die Geldkassette *des Geizigen* einen sinnbildlichen Wert an: Das Begehren hat Bestand in einer Verhaltung des Objekts, das keinen anderen Genuss verschafft, als Stütze des Begehrens, dessen Unterpfand, ja dessen Geisel zu sein. Durch diese Aufwertung, die überdies eine Verflüchtigung ist, wird das Objekt dem bloßen Feld des Bedürfnisses entrissen.
Als fiktive und »ready made«-Lösung für die Problematik des Begehrens könnte man die Identifizierung mit dem als Gestalt* wahrgenommenen Bild des Vaters beschreiben. Die Identifizierung ist damit nur ein besonderer Fall des Trotzens ($\$ \diamond a$), ein Mittel für das Subjekt, sich durch die Wirkung jener Furcht, die es am Rand seines eigenen Begehrens hält, in einer narzisstischen Form festzuhalten.
Wenn wir jetzt ein letztes Mal auf den Traum vom toten Vater zurückkommen, sehen wir, dass er sich wie folgt artikuliert: das *er wusste es nicht* (obere Linie des Schemas) bildet eine wesentlich subjektive Referenz; darin sind die Tiefe,

die Dimension des Subjekts offenkundig. Das Subjekt, das sagt, dass der Andere nicht weiß, setzt sich selbst als wissend. Der Andere in seiner ihm eigenen subjektiven Position ist hier im Ausstand. Seine Minderwertigkeit rührt nicht daher, dass er gestorben ist – denn die einfache Aussage *er ist gestorben* lässt ihn fortbestehen –, sondern dass er es nicht weiß; mehr noch, man darf es ihm nicht sagen. So wird die Unwissenheit dem Anderen zugeschoben, obwohl es doch, wie wir es weiter oben angemerkt haben, um die Unwissenheit des Subjekts selbst geht in bezug auf die Bedeutung seines Traumes und vor allem die Natur des Schmerzes, an dem er Anteil nimmt, jenes Schmerzes der Existenz als solcher, wenn jegliches Begehren dadurch ausgetilgt wird. Wenn das Subjekt diesen Schmerz auf sich nimmt, ihn aber widersinnigerweise mit der Unwissenheit des Anderen begründet, dann tut es dies, weil es sich in Wirklichkeit weigert, ihn auf sich zu nehmen, weil es im Todeskampf seines Vaters etwas erlebt hat, das es selbst bedrohte. Es schaltet also zwischen sich und jener Art Abgrund, der sich jedes Mal öffnet, wenn es mit den letzten Dingen seiner Existenz konfrontiert wird, ein Bild, das seinem Begehren als Stütze dient und das die Rivalität mit seinem Vater ist. Indem es diese imaginär wiederaufleben lässt, findet es einen schmalen Steg, dank welchem es nicht direkt verschlungen wird. Sein Triumph besteht darin, zu wissen, während der Andere nicht weiß. Doch faktisch wird der Tod des Vaters als Verschwinden eines Schutzschildes gegenüber dem absoluten Herrn, dem Tod, empfunden.

Insofern das Subjekt sich dem am besten geeigneten Objekt nähern soll (das mit dem Begriff Oblativität sehr schlecht bezeichnet ist), befindet es sich in einer Art Sackgasse. Denn es könnte dieses Objekt nur erreichen, indem es seine eigene Elision in der Nacht des Traumas oder in der Subsumierung unter einen bestimmten Signifikanten, welches der Phallus ist, riskiert. In jeder Übernahme der genitalen Position stellt sich etwas her, das seinen imaginären Einschlag hat: die Kastration. Der gesamte Dialog zwischen Freud und Jones um die phallische Phase scheint deshalb zum Missverständnis verurteilt, weil darin der Phallus nicht klar als der imaginären Gemeinschaft entzogen gedacht und in jener privilegierten Funktion isoliert wurde, die aus ihm den Signifikanten des Subjekts macht.

Wir unterscheiden zwei Ebenen. Die eine unmittelbare ist die Ebene des Appells (*Brot! Zu Hilfe!*): das Subjekt ist für einen Moment identisch mit seinem Bedürfnis, es ist das neuartige *Quaesitiv des Anspruchs* (den man zunächst im Verhältnis des Kindes zu seiner Mutter artikuliert findet). Die andere Ebene ist die *Votiv*-Ebene, auf der das Subjekt sich im gesamten Verlauf seines Lebens durch all das hindurch wiederfinden muss, was der Form der Sprache in dem Masse entgangen ist, wie sie sich entwickelte und dabei verwandelte und verwarf, was vom Bedürfnis sich ausdrücken wollte. Diese Artikulation zweiten Grades wird in der Analyse gesucht. Wenn wir von oralen und analen Stadien sprechen, halten wir fest, dass das Subjekt in einem bestimmten Verhältnis zu seinem Anspruch steht. Wir belassen es nicht bloß bei der Anerkennung des analen Charakters des Anspruchs, wir konfrontieren das Subjekt mit der Struktur seines Anspruchs. Auf dieser Votiv-Ebene, der Ebene der unbewussten Wünsche, lehren wir es zu sprechen, sich wiederzuerkennen in dem, was auf dieser Ebene dem Code entspricht. Aber wir geben ihm deshalb noch lange keine Antworten. Wenn wir die Deutung ganz in diesem Register der Anerkennung der in seinem Anspruch verborgenen signifikanten Stützen betreiben, laufen wir Gefahr, in der Offenbarung dieses unbewussten Vokabulars die Ausstreichung der Funktion des Subjekts als solches zu vollziehen. Genau das geschieht in einer bestimmten Analyse von Widerständen: bringt man es unaufhörlich auf die Ebene des Anspruchs zurück, reduziert man sein Begehren.

Bis zu einem bestimmten Entwicklungsstand kann das Vokabular des Anspruchs Beziehungen durchlaufen, die ein abtrennbares Objekt beinhalten (Nahrung, Exkrement). Der Phallus indes ist nicht mehr jenes abtrennbare Objekt. Und in der genitalen Vollendung ist die Realisierung des Begehrens das, was nicht beansprucht werden kann. Vielleicht ist es das Wesen der Neurose – oder all dessen, was bei einem Subjekt als neurotisch erscheint –, dass das, was von der Ordnung des Begehrens ist, sich darin im Register des Anspruchs formuliert.

In seiner Beziehung zum Anderen sucht das Subjekt, sich jenseits seines Anspruchs in einem Punkt Anerkennung zu verschaffen, in dem sein Sein sich jenseits des Imaginären zu behaupten versucht, in dem es sich selbst auf eine Weise aufrechterhält, die an den Kunstgriffen der Abwehr teilhat. Den Platz der Antwort auf dieser Ebene bezeichnen wir mit S (Ⱥ) : der Andere wird hier durch den im Diskurs aufgehobenen Signifikanten bezeichnet.

Die Analyse von *Ein Kind wird geschlagen*[19] erhellt diese Art entscheidender Wahl, die zwischen Anspruch und Begehren zu treffen ist. Die erste Phase der Phantasie ist die narzisstische Kränkung, die gänzliche Herabsetzung: Das gehasste Subjekt wird der väterlichen Laune als Opfer dargeboten, die in ihm auf das Jenseits jeden Anspruchs zielt. Die – rekonstruierte und nicht vom Analytiker vorgefundene – zweite Phase ist der primäre Masochismus, ein Moment, in dem das Subjekt seine Realisierung in der signifikanten Dialektik suchen wird. Etwas öffnet sich in ihm und lässt es wahrnehmen, dass sein Sein in dieser Möglichkeit der subjektiven Annullierung liegt, dass es, indem es diese so nah wie möglich streift, die Dimension wiedergewinnt, in der es als Sein fortbesteht, das einen Wunsch äußern kann. Worin besteht das Wesen des masochistischen Phantasmas? Äußerstenfalls, wie ein Ding behandelt zu werden, das gehandelt, verkauft wird, annulliert zu werden bis hin zu jeglicher Art votivischer Möglichkeit, sich als autonom zu begreifen. Schließlich ist in der dritten Phase das, was schlägt, *Man*[20], ein neutralisiertes Subjekt, und das, was geschlagen wird, sind viele Kinder. So hat das Subjekt – Urheber des Phantasmas – nirgendwo unzweideutig seinen Ort.

Im sadistischen Phantasma gilt der hervorgehobene Affekt dem Bild des Partners, der Erwartung desjenigen, der geschlagen werden wird und nicht weiß, wie das sein wird. Doch das Subjekt in seinem Begehren kommt auch nicht einfacher an seinen Platz. Es steht zwischen den beiden – zwischen dem, der schlägt, und dem Geschlagenen; wenn es also etwas gibt, mit dem es identisch wäre, dann mit dem Werkzeug der Misshandlung. Unter diesem Signifikanten, der hier ganz und gar in seiner Natur als Signifikant enthüllt ist, kann es sich aufheben, insofern es sich in seinem wesentlichen Sein erfasst, in seinem Begehren.

N.B. Die verschiedenen verwendeten Symbole werden innerhalb der fortlaufenden Kommentierung der Schemata erklärt.

II
SEMINARSITZUNGEN VOM 14., 21. UND 28. JANUAR UND VOM 11. FEBRUAR 1959

Wir werden nun die Frage der Deutung angehen und wir werden dazu den Weg des Traumes nehmen. Gehen wir von Freuds Bemerkungen über die Bedeutung des Zweifels in den Traumerzählungen aus (zu Beginn des VII. Kapitels der *Traumdeutung*): Was das Subjekt bezüglich seines Traumes zu bedenken gibt – seine Ungewissheit, Mehrdeutigkeit, Realitätshaltigkeit –, kurz, alles, was an den *Rand* geschrieben ist, gehört zum *Text* des Traumes und sagt dessen latente Gedanken aus. Freud macht beispielsweise aus dem Gefühl des Zweifels, den das Subjekt beim Erzählen seines Traumes empfindet, eines der Elemente, ohne die der Traum nicht gedeutet werden kann.

Was impliziert tatsächlich eine solche Verfahrensregel? Zunächst kann man sich die Frage stellen: Was tun wir, wenn wir einen Traum mitteilen, sei es innerhalb oder außerhalb der Analyse? Wir tun etwas, das nichts Einzigartiges in seiner Klasse ist, sondern zu den Aussagen der indirekten Rede zählt, zu den Aussagen, die das Aussagen anderer Subjekte betreffen (man hat mir erzählt ..., der und der hat bestätigt, dass ...). Wenn wir einen unserer Träume aussagen, versehen wir ihn mit einem besonderen Fragezeichen: Etwas liegt unter diesem Traum, wovon dieser Traum der Signifikant ist. Die Formel für den Traum ist also die des Rätsels. Es handelt sich um das Aussagen einer Aussage, die selbst einen Aussagenindex E (eE) hat. Man beziehe sich hier auf die zweideutige Haltung des kleinen Kindes, das beginnt, Ihnen seine Träume zu berichten; sehr oft weiß man nicht, ob es sie wirklich geträumt hat oder ob es fabuliert, als ob es vertrauensvoll mit Ihnen das faszinierende Spiel einer Frage spielte.

Eine weitere Bemerkung, die die vorhergehende vervollständigt: Die Aussage eines Traumes ist uns als ein Ganzes gegeben. Man sagt: *ich habe einen Traum gehabt*, und unterscheidet ihn eindeutig von dem darauffolgenden Traum. Es liegt da eine Rückwirkung des Diskurses vor, denn generell lässt nichts im Verlauf des Traums eine solche Zerschneidung erkennen.

Wir werden also den Traum als globale *Aussage*, als Erzählung des Subjekts auf der *unteren Linie* des Schemas platzieren. Er schreibt sich dort in der gewöhnlichen Form der Sprache als eine geschlossene signifikante Kette ein, im Verhältnis zu der sich das Subjekt zu situieren hat; so wird das Subjekt, wenn es seinen Traum dem anderen mitteilen wird, diese Unterschiede in der Betonung (Ungewissheit, Mehrdeutigkeit etc.) hervortreten lassen, die bedeuten, dass das Erlebte des Traumes mehr oder weniger angenommen ist. Diese verschiedenen Arten des Annehmens verweisen auf die Linie des *Aussagens*, die obere Linie. Diese ist, wie wir nochmals betonen möchten, zerstückelt, diskontinuierlich; sie stellt die Artikulation des Diskurses dar, der direkt mit dem Signifikanten in Verbindung steht, während die untere Linie diejenige der Rückwirkung des *Codes* auf die *Botschaft* ist, eine Rückwirkung, die so in jedem Augenblick dem Satz seinen Sinn gibt, die ihn als ein Ganzes, als Einheit mit variabler Ausdehnung konstituiert.

Bekanntlich hat die Regel der *freien Assoziation* ihre Daseinsberechtigung letztlich darin, dass sie zur Geltung bringt, was es in jedem Diskurs an Eingeschlossenem gibt: eine zerstückelte signifikante Kette mit ihren deutbaren Elementen. Im äußersten Fall kann jedes der Elemente eines Satzes aus dem Zusammenhang herausgelöst werden und seinen Platz in einer neuen signifikanten Kette finden, die diejenige kreuzt, in der es sich zuerst befand. Nun ist die Zerstückelung auf der Ebene des Aussagens als Annahme eines Traumes von gleicher Natur wie diese signifikante Herauslösung, die bis hin zu einer Art von Buchstabieren gehen kann. Das ist beim Traum beispielhafter als bei irgendeinem anderen Diskurs: Er bietet uns die Möglichkeit zu sehen, wie sich von der augenblicklichen Bedeutung abkoppelt, was vom Signifikanten seinen Anteil hat am Aussagen; wir haben nun Zugang zu dem, was an Wesentlichem für das Subjekt sich um bestimmte, in der Verdrängung gehaltene Signifikanten herum zugetragen hat.

Freuds Lehre und Praxis lehren es: Das Begehren ist an die Wiederkehr dieser Signifikanten gebunden. Sie erscheinen nur in dem Masse, wie das Subjekt versucht, sich wiederzugewinnen in seiner Besonderheit, jenseits zu sein von dem, was in ihm der Anspruch hat erstarren lassen. Mit anderen

Worten, das, was sich in den verdrängten Signifikanten, die wiederkehren, artikuliert, bleibt ein *Anspruch*: Etwas anderes ist das *Begehren* – das wir im Diskurs des Subjekts wiederherstellen müssen –, es ist das, wodurch das Subjekt sich diesem Anspruch gemäß vermittelt durch das *Phantasma*, in welchem es sein Verhältnis zum Sein in der Schwebe hält, situiert. In dem Intervall – wir haben auf diesen grundlegenden Punkt insistiert – zwischen der bloß quaesitiven Sprache und der Suche des Subjekts, auf die Frage nach dem, was es will, zu antworten – haben das Begehren und sein Korrelat, das Phantasma, ihren Ort. Dieses zutiefst rätselhafte Phantasma verlangt, gedeutet zu werden.

*

Diese Frage der Deutung werden wir nun durch ein Beispiel erhellen. Es handelt sich um einen Traum, von dem Ella Sharpe eine genaue und sehr feine Analyse gegeben hat, wobei sie nicht aus dem Blick verliert, dass der Traum eine bestimmte Rolle im analytischen Dialog spielt (er wird für die Analyse, häufig für den Analytiker geträumt). Hier also der Text.[21] »*Ich träumte, dass ich mit meiner Frau auf einer Weltreise war, und schließlich kamen wir in die Tschechoslowakei, wo gerade alles mögliche im Gange war. Ich traf eine Frau auf der Straße, übrigens einer Straße, die mich jetzt an die andere Straße erinnert, die ich Ihnen neulich im Zusammenhang mit den beiden anderen Träumen beschrieben habe, in denen ich es mit einer Frau machte, und zwar in Gegenwart einer anderen Frau.* Genau so war es auch in diesem Traum. Dieses Mal *war meine Frau zugegen, während das sexuelle Geschehen sich abspielte. Die Frau, die ich kennengelernt hatte, sah sehr leidenschaftlich aus.* Und dabei fällt mir eine Frau ein, die ich gestern in einem Restaurant gesehen habe. Sie war dunkelhaarig und hatte volle rote Lippen, die sehr sinnlich aussahen, und es war ganz eindeutig, dass sie sofort darauf eingegangen wäre, wenn ich auch nur die kleinste Aufforderung zu erkennen gegeben hätte. Sie muss der Anreiz zu dem Traum gewesen sein, denke ich. Im Traum *wollte die Frau mit mir schlafen, und sie ergriff auch die Initiative, was mir, wie Sie ja wissen, immer sehr hilft.* Es ist immer eine große Hilfe für mich, wenn eine Frau so etwas macht. Im Traum *lag die Frau übrigens auf mir*; das ist mir gerade erst eingefallen. *Sie hatte ganz offensichtlich vor, meinen Penis in ihren Körper einzuführen. Das kann ich sagen, wenn ich an die Manöver denke, die sie vornahm. Ich war damit nicht einverstanden, aber sie war so enttäuscht, dass ich dache, ich würde sie dann eben masturbieren.* Es klingt irgendwie falsch, wenn man dieses Verb transitiv gebraucht. Man kann sagen: ›ich habe masturbiert‹, und das ist richtig, aber es ist ganz und gar falsch, das Wort im transitiven Sinne zu gebrauchen.«[22] Halten wir als erstes fest, dass der erste, vom Subjekt gegebene Hinweis in die Richtung einer Korrektur der signifikanten Artikulation geht. Und die ganze Analyse des Traumes beruht unserer Ansicht nach auf der Wiederherstellung der Intransitivität eines Verbs. Aber Ella Sharpe richtet ihre Deutung am Thema eines Allmachtswunsches des Subjekts aus, den es aus Furcht vor einer aggressiven Vergeltung nicht vorzubringen wage; sie begibt sich willentlich in den Rahmen einer dualen imaginären Situation. Dem Patienten sei es nach einer bereits langewährenden Analyse gelungen, jeden Ausdruck von Feindseligkeit gegenüber einem Vater zu vermeiden, der gestorben war, als er drei Jahre alt war, und von dem er nichts weiß, außer dass er tot ist, als ob er sich nicht daran erinnern wollte, dass er gelebt hatte. Die Analytikerin glaubt eine Bestätigung für eine Deutung mit derartiger Ausrichtung in einigen ihrer Auswirkungen zu finden (der lange erwartete Ausdruck eines libidinösen Wunsches, eine körperliche – enuretische – Äußerung, die anzeigt, dass die infantile Rivalitätssituation mit dem Vater berührt worden ist, ein offen aggressives Verhalten gegenüber einem Tennispartner, der sich über ihn lustig macht, etc.).

Stützen die Elemente – von Ella Sharpe alle sehr genau festgehalten – eine solche Deutung? Können wir nicht, indem wir die uns berichtete sehr genaue Aufstellung wiederaufnehmen, und zwar mit dem ganzen Vorteil, den uns unsere Position als zweiter gibt, noch etwas näher an die Wahrheit herankommen? Versuchen wir es.

Zumindest in einem Punkt – der die ganze Analyse Ella Sharpes durchzieht – erscheint ihre Deutung offenkundig theoretisch: Die Behauptung, für das Unbewusste des Subjekts sei dessen Penis mit Aggressionsphantasien assoziiert und einem »biting and boring thing« gleichgestellt, ist den Ansichten von Melanie Klein näher als dem Material. Überhaupt erlaubt nichts, in solch präziser und aktiver Weise, wie die Analytikerin es unternimmt, die Idee einer aggressiven Absicht mit Furcht vor Vergeltung ins Spiel zu bringen. Diese Idee verfälscht die Deutung der zusammengetragenen Gegebenheiten.

Zum Beispiel: der Patient[23] beginnt seine Sitzung damit, dass er auf sein leichtes Hüsteln zu sprechen kommt, das er seit einiger Zeit hat, bevor er das Kabinett der Analytikerin betritt; er fragt sich nach dem Grund dafür.[24] Ella Sharpe betont zu Recht, dass dieses leichte Hüsteln die Funktion einer Botschaft habe, vernachlässigt aber unserer Ansicht nach, dass es sich sogar um eine Frage zweiten Grades hinsichtlich des Ereignisses, um eine Botschaft der Botschaft handelt: Wir würden – in unserem eigenen Bezugsrahmen – sagen, dass sich das Subjekt fragt, was das für ein Signifikant des Anderen in ihm ist. Es antwortet als erstes: »Ja nun, es ist etwas, das man tun würde, wenn man gerade ein Zimmer betreten wollte, in dem sich ein Liebespaar aufhält«; das leichte Hüsteln dient als Signal. Er erwähnt diesbezüglich eine Erinnerung. Ella Sharpe notiert in der Aufstellung der den Sinn des Hustens betreffenden Einfälle: Gedanken an zwei Liebende, die zusammen sind. Tatsächlich ist das nicht ganz genau das, was der Patient sagt; er kommt zwar als Dritter hinzu, stellt es aber so an, dass er nicht allzu sehr stört: er kündigt sich an. Die Liebenden sind zusammen, solange der Dritte draußen ist; sie hören auf, es zu sein, sobald der Dritte drinnen ist.

Das zweite, von Ella Sharpe in Verbindung mit dem Husten bezeichnete Element: die Zurückweisung einer die Analytikerin betreffenden sexuellen Phantasie.[25] Tatsächlich versetzt sich das Subjekt nicht in eine Position bloßer Negation; die Intervention der Analytikerin zieht eine ganze Sequenz von Geständnissen nach sich. Der folgende Einfall wird weniger zurückgewiesen als auf Umwegen zugelassen: Wenn Sie dabei sind, etwas zu tun, was Ihnen Spaß macht, und es Ihnen nicht gefiele, dass es gesehen würde, ist es Zeit, dem ein Ende zu setzen.

Das wird vom dritten Element hervorgehoben, der Phantasie, die der Patient so berichtet: »... ich sei in einem Raum, in dem ich eigentlich nicht hätte sein sollen, und überlegte mir, dass jemand glauben könnte, dass ich da drin wäre, und dann dachte ich, dass ich jeden daran hindern würde, hereinzukommen und mich dort zu finden, indem ich bellen würde wie ein Hund. Das würde meine Anwesenheit verbergen. Der ›Jemand‹ würde dann sagen: ›Ach so, es ist nur ein Hund drin‹.« Elle Sharpe fasst zusammen: dort sein, wo er nicht sein sollte, und bellen wie ein Hund, um die Menschen von der richtigen Spur abzulenken (»to put people off the scent«). Hier werden wiederum nach unserem Verständnis die Dinge gebeugt. Zum einen wird einem wesentlichen Element ausgewichen: der Bezugnahme auf die Subjektivität des anderen (»Ich denke, dass jemand denken kann«); nun ist diese Bezugnahme aber konstant. Zum anderen ist es, wenn der Patient sich wirklich einbildet, dort zu sein, wo er nicht sein sollte, der Sinn der Phantasie zu zeigen, dass er nicht da ist, wo er ist; und dies wird, wie wir sehen werden, die Struktur jeder subjektiven Bejahung von seiten dieses Patienten konstituieren. Es ist nicht nötig hervorzuheben, was diese Phantasie aus Sicht der Realität an Widersinnigem hat (in einem Zimmer anzufangen, wie ein Hund zu bellen, scheint nicht die beste Weise zu sein, der Aufmerksamkeit zu entgehen ...): ohnehin sind wir da nicht im Verstehbaren, sondern im Imaginären. Wichtig ist hier, dass das Subjekt sich – wie mit seinem Hüsteln – zu anderem macht, es fragt sich aber dieses Mal nicht, welches dieser Signifikant des Anderen in ihm ist; es schützt sich mit Hilfe eines Signifikanten: es vertreibt sich aus dem Bereich des Sprechens, es macht sich zum Tier; es ist niemand mehr da. Umso mehr, als ich dem anderen gegenüber stehe, bin ich niemand. Das zeigt uns das Subjekt buchstäblich mit seiner Phantasie an; es ist der *Niemand* des Odysseus angesichts des Zyklopen. Kommen wir zum vierten Element: eine *Erinnerung*, die sofort nach dem Eingeständnis der Phantasie auftaucht: »... einen Hund, der sich an meinen Beinen rieb und sich dabei regelrecht masturbierte. Ich schäme mich, Ihnen das zu erzählen, weil ich ihn nicht davon abgehalten habe. Ich ließ ihn weitermachen, und es hätte ja jemand hereinkommen können.« (Husten an dieser Stelle). Sollen wir uns damit begnügen, diese Erinnerung in die Sequenz der Assoziationen einzutragen? Diese assoziative Linie, erinnern wir daran, entspricht dem gestrichelt gezeichneten Rechteck der oberen Etage des Schemas: Die gebrochenen signifikanten Elemente laufen wie im normalen Diskurs (die querlaufende Linie der unteren Etage) durch die beiden Markierungspunkte der Botschaft und des Codes; Botschaft und Code indes sind hier von ganz anderer Natur.[26] Wie gesehen stellt das Subjekt vom Beginn der Sitzung an die Frage nach dem Signifikanten des Anderen S (A), der in ihm ist; von dort ausgehend stößt es auf die Frage nach seinem Begehren und seiner Phantasie. Was zeigt diese Phantasie, nun, da es der

Analyse (der Analytikerin) berichtet wurde? Dass das Subjekt, wenn es am Platz des anderen wäre, zunächst denken würde, nicht dort zu sein oder, genauer, für einen anderen als es selbst gehalten zu werden. Aber die Erinnerung lässt uns einen weiteren Schritt machen: Der Hund erscheint in ihr nicht als ein phantasmatisches, sondern als ein reales Wesen, ein Begleiter, dem Subjekt nahe, ihm angeglichen. Hier zeigt der andere – das reale Tier – dem Subjekt etwas: sich zu masturbieren; aber das Subjekt würde vor Scham vergehen, wenn ein Dritter hereinkäme. Mit anderen Worten, der Sinn dieser Erinnerung ließe sich so verdeutlichen: ich sehe diesen anderen, der ich bin (den Hund), als Vorbild, Ich-Ideal an, welches das tut, was ich nicht tue, dies jedoch unter dem Vorbehalt, dass der Andere nicht hereinkommt. Der Abstand zwischen dem anderen – der nicht spricht, den man imaginiert – und dem Anderen, zu dem man zu sprechen hat, ist hier offenkundig. Die in der analytischen Situation berichteten Dinge würden also auf folgendes hinauslaufen: Solange ich noch nicht bei meiner Analytikerin bin, kann ich imaginieren, dass sie sich mir zeigt, wie sie sich masturbiert, ich huste aber, um sie zu mahnen, wieder eine normale Position einzunehmen, sobald ich da bin.

Wir haben also eine assoziative Reihe, die folgendermaßen artikuliert ist: das *Hüsteln*, dazu bestimmt, ein Paar, das gerade dabei sein könnte, sich zu lieben, zu mahnen, dass es Zeit ist, sich zu trennen; das *Bellen* (Phantasie), wodurch sich das Subjekt von dort, wo es ist, entfernt und sich als ein anderes ankündigt; schließlich mit der Erinnerung an den *Hund* die Frage: Was wäre geschehen, wenn man sie beide überrascht hätte? Das ist die Struktur, die es hier hervorzuheben gilt. Denn die Identifizierung des Subjekts ist in gewissem Sinne überall: es ist ebensowohl derjenige, der draußen ist und sich ankündigt, wie derjenige, der drinnen ist und sich in der imaginären Beziehung des Paares gefangen findet mitsamt dem, was sie an gewöhnlicher Faszination mit sich bringt. Entweder bleibt das Paar vereint und der dritte darf nicht da sein, oder aber der Dritte zeigt sich und die anderen trennen sich.

Folgende Frage ist damit gestellt: Was ist das also für ein Objekt, welches da ist, innerhalb des Zimmers, damit das Subjekt, das außerhalb ist, sich durch jenen zwanghaften Husten auf eine Weise ankündigt, die es entfremdet und die es nicht versteht? Das Subjekt vollendet mit der gerade erwähnten assoziativen Reihe eine erste Schleife; danach bringt es ein leichtes Hüsteln vor – wie ein Interpunktionszeichen – und sagt dann seinen (weiter oben berichteten) Traum. Wir werden gleich sehen, dass in dem Traum die Beziehung des Begehrens zur Phantasie sich mit einer Akzentuierung manifestiert, die entgegengesetzt ist zu der, die wir an der Phantasie des Bellens freigelegt haben (worin das Subjekt sich selbst als anderen ankündigt, als ausgestrichenes, vom Signifikanten markiertes Subjekt).

Was bringen uns die Assoziationen des Traumes? Nach seiner Bemerkung über den unkorrekten transitiven Gebrauch des Verbs *to masturbate* fährt das Subjekt fort: »*Der Traum ist mir sehr lebhaft im Gedächtnis. Es kam nicht zum Orgasmus. Ich erinnere mich, dass ihre Vagina meinen Finger umschloss. Ich sehe das Äußere ihrer Geschlechtsorgane, das vordere Ende der Vulva. Etwas Großes und Ausladendes hing da nach unten wie die Falte an einer Kapuze. Ja, es sah wie eine Kapuze aus, und das war es auch, was die Frau benutzte, als sie versuchte, meinen Penis zu kriegen. Die Vagina umschloss meinen Finger. Die Kapuze war irgendwie seltsam.*«[27] Es folgt die Erwähnung einer Höhle auf dem Lande, zu der das Subjekt als Kind mit seiner Mutter ging: »*... dass der obere Teil überhängt, es sieht ganz aus wie eine riesige Lippe*«.[28] Dazu taucht eine neue Assoziation auf: »*Es gibt einen Witz über die Schamlippen, die quer und nicht längs verlaufen, aber ich weiß im Augenblick nicht mehr, wie der Witz geht; es ist irgendein Vergleich zwischen* *der chinesischen und unserer eigenen Schrift, die ja von verschiedenen Seiten her ihren Anfang nehmen, beziehungsweise bei denen die eine von unten nach oben verläuft. Die Schamlippen liegen natürlich Seite an Seite und die Scheidenwände hinten und vorn, das heißt, die einen verlaufen längs und die anderen quer.«*[29]

Eine sehr bemerkenswerte Assoziation, insofern der Patient hier spontan auf das Symbol zurückgreift – auf jene herausragend symbolische Ordnung, die chinesische Schrift –, so als wolle er uns ermahnen, dass in den sehr drastischen imaginären Elementen, die er beibringt, der Signifikant im Spiel ist. Das analytische Denken würde sich wohl eher auf der Ebene dieser Elemente halten; zur Assimilierung von Mund und Vagina und zu all dem, was an die Urbeziehung eines Gefressen- oder Verschlungenwerdens durch die Mutter erinnert, fehlt es uns nicht an psychologischen oder ethnologischen Zeugnissen. Es gibt aber im Diskurs des Subjekts etwas mehr – das bereits eine sehr genaue Struktur zeigt und das man nicht im allgemeinen Thema des Verschlungenwerdens aufgehen lassen sollte, wie das Ella Sharpe uns vorschlägt. Wir haben gesagt, dass sie den Traum als eine masturbatorische Allmachtsphantasie eines Subjekts deutet, das »die ungeheure mütterliche Höhle« fürchtet, auf die es seine eigenen aggressiven Phantasien projizierte. Wir meinen nicht, dass man das vorherrschende Element des einen, an die Stelle des Penis gesetzten, umhüllten und behandschuhten Fingers in eine Reihe von vorgeformten Bedeutungen auflösen muss. Es hat seinen spezifischen Wert, den wir nicht tilgen werden, indem wir jenes Innere des Bauches der Mutter beschwören, von dem so viel in den Phantasien die Rede ist. Es hat einen signifikanten Wert. Noch einmal, das Subjekt zeigt uns dies genau durch seine Assoziationen an, bezeichnet uns die Funktion der Phantasie, insofern sie dem Subjekt dazu dient, sein Begehren zu akkomodieren.

Ella Sharpe schildert eine Befürchtung, die dem Subjekt im weiteren Verlauf der Analyse durch den Sinn ging. Es sollte sich zu einer Zeremonie begeben, an der der König und die Königin teilnehmen würden; es wird von der Vorstellung gepeinigt, genau dann eine Autopanne zu haben, wenn das königliche Paar ankommt, und ihm die Durchfahrt zu versperren ... Die Analytikerin sieht darin einmal mehr eine der Manifestationen der Allmacht des Subjekts, dieser Allmacht, die es fürchten würde, und formuliert diesbezüglich die Hypothese einer nicht näher bestimmten Urszene.[30] Was uns aber, in Bezug auf andere Assoziationen, Zurückhaltung auferlegt, ist im Stoppen des elterlichen Paares (das dem von Melanie Klein beschriebenen ungeteilten, zusammengesetzten Elternteil anzunähern wäre) der Wunsch, in ihnen das männliche und das weibliche Prinzip zu trennen.
Das Begehren ist hier in einer durch und durch masturbatorischen Auffassung gemeint, die im Subjekt nicht die beiden Seiten der Männlichkeit und der Weiblichkeit trennt. Man gelangt daher zu folgendem Paradox: sofern das Subjekt impotent ist, ist es männlich (das geht nicht ohne Kompensation auf der Ebene anmaßender Stärke), insofern es jedoch befreit wird, verweiblicht es sich. Weitere Assoziationen rufen die Erinnerung des Subjekts wach, das in seinem Kinderwagen mit Riemen festgeschnallt oder in seinem Bett gefesselt ist. In dem Masse, wie es gebunden ist, kann es seine Phantasie genießen und daran mittels der verschobenen Aktivität, die das zwanghafte Urinieren ist (das häufig in einem Bezug zur Nähe des elterlichen Koitus steht), teilnehmen. So dass das Subjekt niemals da ist, wo man es erwartet. Man denkt hier – ihm eine andere Tragweite gebend – an den Terminus *Aphanisis*, den Jones eingeführt hat.[31] Von seiner Erscheinung über das leichte Hüsteln und die daran angeschlossene Phantasie bis zu seinem Reden kreist alles bei diesem Subjekt um das »Verschwindenlas-

sen«: Es kann nichts vorbringen, von dem es nicht auf irgendeiner Seite das Wesentliche zum Verschwinden bringt. Der Traum erlaubt es uns, dies hier genauer auszuführen. Das in der signifikanten Artikulation des Traumes verwandte Bild jener Art von Futteral oder Scheide ist merkwürdig genug, um nicht sofort (wie Ella Sharpe das etwas übereilt tut, indem sie Daten verwendet, die gewiss von der Erfahrung geliefert werden, deren Funktion aber stets strikt in Bezug auf das Subjekt ermittelt werden muss) das hier vorgestülpte weibliche Geschlechtsorgan als Phallus der Mutter und von dort aus (Furcht vor Vergeltung) den Phallus des Subjekts als Zerstörungsorgan zu deuten. Die Phantasie macht aus der umgestülpten weiblichen Scheide den phallischen Signifikanten. Tatsächlich steckt das Subjekt nicht den Penis in das Futteral, sondern den Finger; es reinvaginiert das, was darin devaginiert ist, alles geschieht so, als ob darin beinahe ein Taschenspielertrick *(geste d'escamoteur)* vollführt würde. Zumal es sich weit eher um Exhibition (vor einem Dritten) als um einen Kopulationsakt handelt.[32] Sicherlich ist es das Subjekt selbst, das eskamotiert wird; und auf dem Spiel steht – der Traum bezeichnet es – der Phallus.

»To get my penis«, berichtet das Subjekt, den Penis bekommen, aber die Bezichtigung des Partners bedeutet nicht, dass das Subjekt auf die Frage: Wo ist der Penis?, eine eindeutige Antwort geben könnte. In der Tat ist das *to get my penis* etwas, das sich entzieht, nicht nur durch den Willen des Subjekts, sondern kraft eines strukturellen Vorfalls, der der ganzen Abfolge der Assoziationen ihren Stil gibt: die Erwähnung jener Frau, die so perfekt die Männer nachahmt, die Erwähnung des Typen, der ihm mit seltener Redegewandtheit vorschlägt, einen Überzug für seinen Golfsack aus einem Überzug zu machen, der für etwas anderes gemacht ist (ein Autoverdeck), die leichte Veränderung, die das Subjekt an einem *The book of Common prayer* entnommenen

Zitat vornimmt[33] – die Gesamtheit des Materials lässt stets deutlich werden, dass das Subjekt zu zeigen bestrebt ist, dass es nie dort ist, wo man es erwartet, dort, wo man sich seiner bemächtigen könnte, es bekommen *(to get)* könnte. Es ist sehr deutlich, dass diese Zielrichtung in einem Bezug zur Kastration steht.[34] Wir sind aber nicht dazu autorisiert, eine anfänglich umgewendete aggressive Absicht zu postulieren, wie Ella Sharpe es tut, die den Phallus in einer sehr frühzeitigen Rivalität mit dem Vater lokalisiert. Man wäre angesichts einer derart ausgerichteten Deutung fast versucht, die möglicherweise exorbitant erscheinende Frage zu stellen: Wo ist der Anteil der Gegenübertragung?
Gleich nachdem die Analytikerin über den toten Vater gesprochen hatte – jenen Vater, den sie nur mit großer Mühe im Gedächtnis ihres Patienten zu erwecken vermag –, stellt sie fest, dass sie eine ähnliche Schwierigkeit hinsichtlich ihrer Person erkennt: »Er hat keine Gedanken, die sich auf mich beziehen.« Sie vergleicht die Analyse daraufhin mit einer Schachpartie, die sich in die Länge zöge, bis die Analytikerin aufhört, den rächenden Vater zu verkörpern, der es darauf anlegt, ihn in die Enge zu treiben, und ihm keinen anderen Ausweg lässt als den Tod. Beim ersten Lesen verlockt dieser im übrigen klassische Vergleich mit dem Schachspiel: Man kann jeden der Spielsteine für ein signifikantes, durch seine Bewegung spezifiziertes Element halten; die Partie schreitet mit der Verringerung der Anzahl dieser Signifikanten fort. Warum den Fortschritt einer Analyse nicht so definieren: nur noch eine Anzahl von Signifikanten im Spiel lassen, die klein genug ist, damit die Position des Subjekts durch sie definiert werden kann. Verkennt aber Ella Sharpe hier nicht ihre eigene Absicht, nämlich in die Enge zu treiben, womit sie übrigens auf eine Schwierigkeit ihres Patienten antwortet, dem es nicht gelingt, so sagt man uns, seinen Gegner in einem anderen Spiel, dem Tennis, in

die Enge zu treiben – das heißt in eine Ecke zu zwingen, von wo aus er nicht mehr retournieren kann?

Ella Sharpe hütet sich ganz zu Recht, alles, was es an Aggressivem im analytischen Spiel geben kann, zum Vorschein kommen zu lassen; sie hebt hervor, dass die vorgebliche Absicht des Subjekts, dass ihm geholfen werden solle, einen gegenteiligen Wunsch bedeutet: im Geschützten zu bleiben (wie es dies als Kind in seinem Bett gefesselt mehr oder weniger war), mit seinem Autoverdeck (*hood*) über sich. Aber sie verkennt bei dieser Gelegenheit das Verhältnis des Subjekts zum phallischen Signifikanten.

Wir würden sagen, um bei der Metapher des Schachs zu bleiben, dass das Subjekt *seine Dame nicht verlieren will.* Was Ella Sharpe mit der Idee von Allmacht meint, die der Phallus ist, den das Subjekt um jeden Preis bewahren will, das muss es aus dem Spiel heraushalten, denn im Spiel könnte es ihn verlieren – im Traum wird das durch die dritte Person dargestellt (die nur ein Zeuge zu sein scheint), die seine Frau ist.[35] Das Subjekt weigert sich, seine Dame zu opfern – mitsamt dem, was dies in seiner Beziehung zum Analytiker impliziert, der eine Frau ist. Durch sein diskretes Hüsteln mahnt es seine Analytikerin, falls sie zufällig, wie es im Traum gezeigt wurde, ihren, wenn man so sagen darf, Sack umgewendet hätte, ihn wieder hereinzunehmen, bevor er eintritt: Wenn es sähe, dass es nur ein Sack ist, hätte es alles zu verlieren. So würde sich die ganze Vorsicht erklären, die das Subjekt an den Tag legt: es hielte sich festgezurrt, gefesselt (in seinem Kinderwagen oder anderswo), damit *woanders* der Signifikant Phallus sein kann, in dem es das Bild einer erträumten Allmacht sieht.

Bestätigen die Wirkungen von Ella Sharpes Deutung auf das Benehmen des Subjekts nicht unsere Hypothese? Was tut der Patient, nachdem sie ihm deutlich gemacht hat, dass bei ihm ein libidinöser Wunsch aufgetaucht sei? Er macht sein Bett nass, und er packt einen seiner Tennispartner, der sich über sein Spiel lustig macht, an der Gurgel, um ihm die Lust am Spotten auszutreiben ... Es ist schwierig, in solchen Reaktionen die Beweise für eine angemessene Deutung zu sehen; aber sie sind bedeutungsvoll. Schließlich erfolgt bei diesem zwanghaften Urinieren kein genitaler Einsatz des Penis, sondern einer des *realen* Organs (vgl. die infantile Enuresis); zum anderen läuft das Abklemmen *(coincer)* der Gurgel des Partners nicht darauf hinaus, ihn im Spiel in die Enge zu treiben *(coincer)*: der andere als Ort der Konventionen des Spiels, als Ort des Gesetzes, wird absolut verfehlt.

*

Unser Nachdenken über diesen Traum stellt für uns eine Gelegenheit dar, um zu präzisieren, was wir unter dem signifikanten Charakter des Phallus verstehen – andernfalls wird man seiner Funktion nicht ihre wirkliche Stellung geben können. Die Klein'sche Theorie gibt in dieser Hinsicht ein frappierendes Beispiel ab. Man weiß, dass für Melanie Klein der Phallus sehr frühzeitig in der Erfahrung des Kindes – ob Mädchen oder Junge – als Substitut der mütterlichen Brust auftaucht. Das Kind ist begierig nach den guten und bösen Objekten im Inneren des Körpers seiner Mutter. Doch warum wird diesem Objekt Phallus ein solches Privileg gewährt? Das ist für uns nur schlecht zu verstehen. In den anschaulichen kleinianischen Berichten wird stets der imaginäre Inhalt in den Vordergrund gerückt, das Verhältnis von Symbol und Bild jedoch bleibt weitgehend ungeklärt. Was erkennen wir daran? Die Erfahrung der Beziehung zur Mutter ist vollständig um die Auffassung der Einheit oder der Totalität zentriert. Der ganze Fortschritt des Kindes wird beschrieben als Fortgang von der Zerstückelung zur Einheit, und zwar durch Vermittlung des mütterlichen Körpers, der zugleich die Gesamtheit aller zerstückelten Objekte in einer Art nicht von Chaos, aber von primärer Unordnung repräsentiert, sowie die erste Form einer idealen Identifizierung, einer Einheitserfahrung. Tatsächlich gibt es in diesem Verhältnis des Kindes zum Körper der Mutter nicht zwei, sondern vier Terme. Denn dieses Verhältnis dient als Rahmen für die spiegelbildliche Beziehung des Kindes zu seinem eigenen Körper (was wir unter dem Namen *Spiegelstadium* beschrieben haben). Andererseits ist diese Beziehung selber abhängig von einer anderen, einer größeren und dunkleren, zwischen den aus dem Appell der Bedürfnisse hervorgegangenen primären Strebungen und dem mütterlichen Körper als Objekt der primären Identifizierung. Innerhalb dieses ersten viergliedrigen Verhältnisses

$$\frac{i(a)}{S} \diamond \frac{a}{I}$$

werden sich die ersten Entsprechungen des Subjekts zu seiner eigenen Identität herstellen: es konstituiert den Ort der psychotischen oder parapsychotischen Anomalien.

In seinem Verhältnis zum primären Objekt – der mütterlichen Brust – wird sich das Subjekt seiner selbst als eines beraubten *(privé)* bewusst[36]; es macht die Erfahrung, dass ein Mitmensch seinen Platz usurpiert. Muss man bereits auf dieser Ebene ein Erfassen der symbolischen Ordnung durch das Subjekt postulieren? Das Subjekt könnte das Objekt, die mütterliche Brust, nicht nur als da seiend oder nicht da seiend begreifen (was Frustration und eine Art leidenschaftlicher Selbstzerstörung zur Folge hat), sondern als eingeschrieben in ein Verhältnis mit etwas anderem, das vorteilhaft an seine Stelle gesetzt werden könnte. Diese zweite Möglichkeit ergreift offenbar Melanie Klein und stellt so die Vorherrschaft des Phallus heraus. Sie erkennt darin jedoch nicht den Bezug zur metaphorischen Tätigkeit signifikanter Substitution, der Triebfeder jedes symbolischen Fortschritts: In dem Masse, wie das Objekt die (gemeinte) Totalität des Körpers der Mutter ersetzen, und in dem Masse, wie das Bild des anderen das Subjekt ersetzen kann, treten wir in die symbolische Tätigkeit ein, die aus dem menschlichen Sein ein sprechendes Subjekt macht – was sein gesamtes späteres Verhältnis zum Objekt definiert: das durch und durch angstvolle Verhältnis (da sich das Subjekt darin im äußersten Fall als vernichtet erweist) des Begehrens.

Für uns hat der Phallus einen Bezug zum Sein des Subjekts, das hier nicht als Subjekt der Erkenntnis, als noetische Stütze aller Objekte, sondern als sprechendes, seine Identität auf sich nehmendes Subjekt definiert wird. Was ist das folglich für ein Bezug? In gewissem Sinne zielt unser ganzes Nachdenken über das Begehren und seine Deutung darauf, ihn zu definieren. In der Tat ist es das Subjekt des Begehrens, das zutiefst in seinem Verhältnis zum Objekt in Frage gestellte Subjekt, das wir als ausgestrichenes Subjekt $\$ \diamond a$ definieren. Und als ausgestrichenes Subjekt ist es möglich, ihm den Phallus als Signifikanten zu geben.

Dieser Phallus, er ist es und er ist es nicht. Dieses Intervall – sein und es nicht sein – erlaubt die Sprache in einer Formulierung wahrzunehmen, in der das Verb sein gleitet: *es ist nicht, ohne ihn zu haben (il n'est pas sans l'avoir)*. Um dieses subjektive Aufsichnehmen zwischen ihn sein/dem Sein *(l'être)* und ihn haben/dem Haben *(l'avoir)* herum spielt sich die Realität der Kastration ab. In der Tat hat der Phallus eine Äquivalenzfunktion im Verhältnis zum Objekt: Entsprechend einem bestimmten Verzicht auf den Phallus gelangt das Subjekt in den Besitz der Pluralität der Objekte, die die menschliche Welt charakterisiert. In einer analogen Formulierung könnte man sagen, dass die Frau *ist, ohne ihn zu haben* (was sich psychologisch durch den *Penisneid** ausdrückt). Dies ist es, was der Patient von Ella Sharpe nicht wahrzunehmen bereit ist: Er bringt den Signifikanten Phallus (im Traum ist es die Frau) »in Sicherheit«. Zweifelsohne gibt es Neurotisierenderes als die Furcht, den Phallus zu verlieren, nämlich nicht zu wollen, dass der Andere kastriert ist.

ANMERKUNGEN

1 Auf der Gegenseite zu dieser hedonistischen Tradition der Philosophen wäre einzig und allein Spinoza zu finden: Das Begehren ist das Wesen des Menschen. Spinoza im Lichte dessen zu lesen, was die Freudsche Erfahrung bezüglich des Verhältnisses des Menschen zu sich selbst erbracht hat, dürfte im Übrigen nicht nutzlos sein.

2 »Das Begehren beruht auf der Strebung, von der sie ein besonderer und komplexerer Fall ist. Es steht andererseits in einem Gegensatz zum Willen (oder zum Willensakt), insofern dieser überdies voraussetzt: 1. Die wenigstens vorübergehende Koordination von Strebungen. 2. Die Opposition von Subjekt und Objekt. 3. Das Bewusstsein seiner eigenen Wirksamkeit. 4. Das Bedenken der Mittel, durch welche das gewollte Ziel realisiert werden wird.«

3 Anders gesagt, ein Signifikant, den die Linguisten durch die Klasse der *shifter* definieren, das heißt eine Symbolform, in der auf Kosten jeder lexikalisierbaren Referenz eine Referenz auf das Aussagen der Botschaft und auf deren Koordinaten (Attribution, Datum) vorherrscht. Der von Jespersen beigebrachte Ausdruck ist von Roman Jakobson weiter ausgearbeitet worden.

4 Kann man diese – im »ich sage und ich wiederhole es« manifeste – Duplizität zum Kriterium einer Einbeziehung ins Sprechen machen? Das ganze Feld des menschlichen Handelns wäre folglich davon geprägt. Beschränken wir uns darauf, daran zu erinnern, dass es zweifellos keine Geste gibt, die nicht ihren Platz in einem Ritual, das heißt eine symbolische Artikulation geltend machen würde, und heben wir die Tragweite jenes Momentes hervor, in dem das Handeln, von sich selbst »Kenntnis nehmend« *(»prenant acte«)*, sich offenkundig in einen symbolischen Kontext einschreibt.

5 S. Freud, »Die endliche und die unendliche Analyse«, *G. W.* XVI. Die [erste] französische Übersetzung ist 1939 in der *Revue Française de Psychanalyse* erschienen (Nr. 1, S. 37).

6 »Ende« ist im Französischen durch *terme* wiedergegeben, was auf die Übersetzung des Titels von Freuds Artikel anspielt: *L'analyse terminée et l'analyse interminable* (A. d. Ü.).

7 Oder auch: Was ist der Traumwunsch? (A. d. Ü.)

8 Der Aufsatz ist nicht ins Französische übersetzt. *G.W.* VIII, S. 229-238, *S.E.* XII, S. 255. Der Traum taucht erst in den Ausgaben der *Traumdeutung** nach 1911 auf (S. 318 in der französischen Übersetzung von Meyerson), zunächst in einer Anmerkung, später in den Text hineingenommen.

9 *Die Traumdeutung*, *G.W.* II/III, Kap. III, S. 135

10 ›I.R.M.‹ werden im Deutschen ›A.A.M.‹ genannt, angeborener Auslösemechanismus. (A. d. Ü.)

11 s. Anm 24, Teil II (*Die Bildungen des Unbewussten*)

12 *Duplicité* hat auch die Bedeutung von »Doppelzüngigkeit«, »Falschheit«. (A. d. H.)

13 Was zugleich die zweite Partikel ist, aus der sich die dem »nicht« entsprechende Verneinung zusammensetzt: *ne ... pas*. (A. d. H.)

14 Insofern ein »explétif« ein Füllsel oder Füllwort ist. (A. d. Ü.)

15 *L'avare*, fünfaktige Prosakomödie von Molière, Uraufführung 1668 in Paris, ist Teil der ›comédie d'observation‹, d.h. der Charakter- und Sittendramen in Vers und Prosa aus M.s Spätwerk. (A. d. Ü.)

16 Lise Deharme. Das Gedicht trägt den Titel *Vœux sécrets [Geheime Wünsche]*.

17 S. Freud, *G.W.* II/III, S. 626 (A. d. Ü.)

18 Hinzufügung des Übersetzers.

19 S. Freud, »Ein Kind wird geschlagen«. Siehe oben unsere Wiedergabe von Sem. V, Teil II, Anm. 20, und daselbst den Kommentar, den J. Lacan im Laufe des Seminars 1957-58 dazu gegeben hat.

20 Entsprechend dem französischen Titel des Aufsatzes von Freud: »On bat un enfant«. (A. d. Ü.)

21 Die Analyse des Traumes und der Sitzung, in die er eingebracht wurde, bilden den Gegenstand von Kapitel V des kleinen Buches, das Ella Freeman Sharpe zu Lehrzwecken geschrieben hat: *Dream analysis* (Hogarth Press [London 1937; dt. *Traumanalyse*, übers. v. Ulrike Stopfel, Klett-Cotta, Stuttgart, 1984 – A. d. H.]). Wir können hier nicht das ganze Kapitel wiedergeben, dessen vollständiger Text gleichwohl zum Verständnis der kritischen Beobachtungen von J. Lacan notwendig wäre. Ohne diese Kritiken im Detail und in ihrer Genauigkeit aufzunehmen, möchten wir ihre Ausrichtung anzeigen

und uns bemühen, die Schlussfolgerungen daraus freizulegen. Es ist ebenso nicht Ziel unserer Zusammenfassung, die Lektionen J. Lacans mit jedem ihrer Abzweige wiederzugeben, sondern deren Leitfaden aufzufinden.

22 »One can say ›I masturbated‹ and that is correct but it is wrong to use the word transitively«.

23 Vgl. die glänzende Beschreibung, die Ella Sharpe von seiner übermäßig kontrollierten Erscheinung gibt, *Dream analysis*, S. 129-30 [dt. S. 126-27].

24 Die Analytikerin, die in diesem sehr diskreten Husten eine Manifestation des Unbewussten sah, hütet sich, dies ihrem Patienten kundzutun.

25 Die Analytikerin fragt: »Und warum das Hüsteln, bevor Sie hier hereinkommen?« Die Antwort des Patienten: »Das ist verrückt, denn natürlich würde ich gar nicht erst heraufgebeten, wenn noch jemand anders hier wäre, und von Ihnen denke ich so etwas schon gar nicht. Es gibt, soweit ich sehe, überhaupt keinen Grund für dieses Husten.« Alsdann kommen die folgenden Assoziationen und die Erzählung des Traums.

26 Vgl. in der Zusammenfassung der ersten Lektionen unseren Kommentar zum dritten Schema.

27 »The dream is in my mind vividly. There was no orgasm. I remember her vagina gripped my finger. I see the front of her genitals, the end of the vulva. Something large and projecting hung downwards like a fold on a hood. Hoodlike it was, and it was this that the woman use of in manoeuvring to get my penis. The vagina seemed to close round my finger. The hood seemed strange.«

28 »It has an overhanging to which loos very much like a huge lip.«

29 »There is some joke about the labia running crosswise and not longitudinally, but I don't remember how the joke was arranged, some comparison between Chinese writing and our own, starting from different sides, or from bottom to top. Of course the labia are side by side and the vagina walls are back and front, that is one longitudinal and the other crosswise.«

Das Subjekt spielt hier ganz sicher auf einen dieser *jokes* an, die unter dem Namen *limericks* zum englischen Kulturerbe gehören. Hier also ein Beispiel dafür, das nicht unterlässt, das zu erwähnen, worauf der Patient sich bezieht:

There was a young lady from China

Who mistook for her mouth her vagina
Her clitoris huge
She covered with rouge
And lipsticked her labia minor

30 Wir geben hier nicht das ganze Material wieder, das es der Analytikerin ihrer Ansicht nach gestattet, ihre Deutung am Thema der Allmacht auszurichten. Uns würde vielmehr die reduzierte, minimierte Seite des Subjekts, das sich recht klein macht, auffallen. Die Analytikerin findet beispielsweise eine Bestätigung der erwünschten und vom Subjekt mehr oder weniger angenommenen Allmacht in der Enormität des Traumes. Wohl sagt das Subjekt uns, dass es einen enormen Traum geträumt hat, dass es eine ganze Weltreise gemacht hat, etc. ..., aber unterm Strich gebiert der Berg eine Maus. Die Allmacht ist immer auf der Seite des Anderen, des Sprechens. Eben in Anbetracht des Sprechens ist das Subjekt in Schwierigkeiten; es ist ein begabter Anwalt, der seit Beginn seiner beruflichen Tätigkeit Phobien hat; Ella Sharpe bemerkt genau, dass sein Misserfolg nicht daher kommt, dass er nicht erfolgreich zu arbeiten wagt, sondern dass »er aufhören muss zu arbeiten, weil er nur allzu *successful* wäre«; er hält inne angesichts der unmittelbaren Gefahr, dass seine Möglichkeiten erkennbar werden könnten.

Andererseits hat das Subjekt nur äußerst mühsam in der Analyse die Erinnerung an seinen Vater – den es im Alter von drei Jahren verloren hat – wiederzubeleben vermocht. Was ihm davon geblieben ist, sind die letzten Worte des Vaters, die man ihm übermittelt hat: »Robert soll meinen Platz einnehmen.« Die Unterscheidung, auf die wir uns bereits gestützt haben, nämlich zwischen dem sprechenden Anderen und dem imaginären anderen, ist hervorzuheben.

31 Bekanntlich hat Jones geglaubt, bei seinen Patienten in der Annäherung an den Kastrationskomplex auf die Furcht vor der *Aphanisis*, dem Verschwinden des Begehrens, zu treffen. Die Kastration symbolisiere dieses Verschwinden. Für uns stellen sich die Dinge umgekehrt dar: Eben deshalb, weil es das Spiel von in die Kastration verwickelten Signifikanten gibt, kann die Furcht vor dem möglichen Verschwinden des Begehrens entstehen. In unserer Sichtweise muss diese Furcht, die man tatsächlich bei Neurotikern antrifft, auf eine unzureichende Ausbildung des Kastrationskomplexes oder gar auf seine partielle Verwerfung zurückgeführt werden.

32 Man denkt dabei an jenen Trick, genannt *Eiersack*, in den der Taschenspieler das Ei in dem Moment verschwinden lässt, in dem man es nicht erwartet, und es verschwunden zeigt, wenn man glaubt, es zu sehen.

33 Das Subjekt zitiert: »We have left undone those things we ought to have done«. (Wir haben die Dinge ungetan gelassen, die wir hätten tun sollen); der Text des Gebetes geht folgendermaßen weiter: »und wir haben die Dinge getan, die wir nicht hätten tun sollen«. Dies zitiert das Subjekt nicht, es bezeigt in keiner Weise das Bedürfnis zu beichten. Für es geht es darum, die Dinge nicht zu tun, und nicht darum, sie zu tun (aus Furcht, zu erfolgreich zu sein). Im Gegenzug fügt er dem Text hinzu: *»and there is no good thing in us.«* Dieses »good thing«, dieses gute Objekt ist genau das, was hier in Frage steht.

34 Vgl. seinen kindlichen Zwang, die Lederriemchen an den Sandalen seiner Schwester zu zerschneiden. Im Übrigen ist es schwierig zu entscheiden, ob es sich dabei (wie im Fall der Bänderzerschneider) um eine Vergeltung – einem anderen Subjekt die Kastration zufügen – oder um eine Art von Abwertung, von Zähmung der Kastration handelt: Eigentlich ist es ja nicht so gefährlich!

35 Vgl. den winzigen Lapsus der Traumerzählung *I was taking journey with my wife around the world*, dort, wo gemäß dem üblichen Gebrauch der englischen Sprache *around the world with my wife* zu erwarten gewesen wäre. Der Allmachtsakzent wird von der Analytikerin auf *around the world* gelegt. Wir würden ihn eher auf *with my wife* platzieren. Das Subjekt will nach Art jener Schachspieler, die sich zu Unrecht vorstellen, damit wäre die Partie verloren, seine Dame nicht verlieren.

36 Vgl. den Hl. Augustinus: »Mit eigenen Augen sah und beobachtete ich einmal eines Knäbleins Eifersucht. Es konnte noch nicht sprechen und schaute doch blass, mit bitterbösem Ausdruck auf seinen Milchbruder.« (Aurelius Augustinus, *Confessiones. Bekenntnisse*, Buch 1, VII – A. d. Ü.) Wir haben hier in einer bewundernswerten Raffung das Bild des Seinesgleichen in seinem Verhältnis zur Mutter, als Totalität, die das Subjekt schließlich doch auf sich nimmt.

Bibliographische Angaben

Zusammenfassende Wiedergaben von J.-B. Pontalis des Seminars »La relation d'objet et les structures freudiennes« / »Die Objektbeziehung und die Freudschen Strukturen«:

1957, Bulletin de psychologie:

1. April 1957, Band X, no. 7, Seminare vom 21., 28. November, 5., 12., 19. Dezember 1956, pp. 426-430 (mit Lacans Zustimmung),

26. April 1957, Band X, no. 10, Seminare vom 9., 16., 23. Januar 1957, pp. 602-605 (mit Lacans Zustimmung),

15. Mai 1957, Band X, no. 12, Seminare vom 30. Januar, 6., 27. Februar 1957, pp. 742-743 (mit Lacans Zustimmung). Das Zeichen (*), p. 742 weist darauf hin, dass es am 13. und am 20. Februar keine Seminare gab.

8. Juni 1957, Band X, no. 14, Seminare vom 6., 13., 20., 27. März, 3., 10. April 1957, pp. 851-854 (mit Lacans Zustimmung),

25. September 1957, Band XI/1, no. 138, Seminare vom 8., 15., 22. Mai, 5., 19., 26. Juni, 3. Juli 1957, pp. 31-34 (mit Lacans Zustimmung).

Zusammenfassende Wiedergaben von J.-B. Pontalis des Seminars »Les formations de l'inconscient« / »Die Bildungen des Unbewussten«:

1958, Bulletin de psychologie:

1. Januar 1958, Band XI/4-5, no. 141-142, Seminare vom 6., 13., 20. November 1957, pp. 293-296

15. November 1958, Band XII/2-3, no. 154-155, Seminare vom Dezember 1957, Januar, Februar, März 1958, pp. 182-192 (mit Lacans Zustimmung)

15. Dezember 1958, Band XII/4, no. 156, Seminare vom April, Mai und Juni 1958, pp. 250-256

Zusammenfassende Wiedergaben von J.-B. Pontalis des Seminars »Le désir et son interprétation« / »Das Begehren und seine Deutung«:

Januar 1960, Bulletin de psychologie:

5. Januar 1960, Band XIII/ 5, no. 171, Seminare vom 12., 19., 26. November, 3., 10., 17. Dezember 1958, 7. Januar 1959, pp. 263-272

20. Januar 1960, Band XIII/6, no. 172, Seminare vom 14., 21., 28. Januar, 4., 11. Februar 1959, pp. 329-335